Seis Corridas

Seis Corridas
© 2020 by Sara Velloso

COORDENAÇÃO EDITORIAL: Eduardo Ferrari
EDIÇÃO: Ivana Moreira
CONCEPÇÃO E TEXTO: Sara Velloso
ASSISTENTE EDITORIAL: Carolina Vila Nova
PROJETO GRÁFICO e DIAGRAMAÇÃO: Estúdio EFe
CAPA: André Stenico
REVISÃO DE TEXTO: Gabriela Kimura
FOTOGRAFIA E ILUSTRAÇÕES: acervo pessoal, Pixabay e Pngtree.

Dados Internacionais de Catalogação na Publicação (CIP)
(eDOC BRASIL, Belo Horizonte/MG)

V441s	Velloso, Sara.
	    Seis corridas / Sara Velloso. – São Paulo, SP: Literare Books International; EFeditores, 2020.
	    124 p. : 14 x 21 cm
	
	    ISBN 978-85-9455-261-7
	
	    1. Corridas. 2. Velloso, Sara – Biografia. I. Título.
	                                                                CDD 920.72

Elaborado por Maurício Amormino Júnior – CRB6/2422

Esta obra é uma coedição entre EFeditores e Literare Books International. Todos os direitos reservados. Não é permitida a reprodução total ou parcial desta obra, por quaisquer meios, sem a prévia autorização do autor.

EFeditores Conteúdo Ltda.
Rua Haddock Lobo, 180
01414-000 | São Paulo - SP
www.efeditores.com.br

LITERARE BOOKS INTERNATIONAL
Rua Antônio Augusto Covello, 472
01550-060 | São Paulo - SP
www.literarebooks.com.br

Esta obra integra o selo "Escritores", iniciativa conjunta de Eduardo Ferrari Editores e Literare Books International.

O texto deste livro segue as normas do Acordo Ortográfico da Língua Portuguesa.

2ª edição, 2022 | Printed in Brazil | Impresso no Brasil

SARA VELLOSO

SEIS CORRIDAS

O que aprendi nos 253 quilômetros
das maiores maratonas do mundo

2ª edição

São Paulo | 2022

escritores

Para Nelo

BOSTON
TOKYO
LONDON
ABBOTT
WORLD
MARATHON
MAJORS
6
BERLIN
CHICAGO
NEW YORK CITY

sumário

Aqui vai a largada!	**09**
Prefácio da 1ª edição	**11**
Correr é o novo MBA	**13**
Maratona de Londres	**17**
Maratona de Tóquio	**37**
Maratona de Boston	**53**
Maratona de Chicago	**71**
Maratona de Nova York	**87**
Maratona de Berlim	**103**
253 quilômetros	**119**
Agradecimentos	**126**
Fale com a autora	**127**

prefácio

Aqui vai a largada!

Por Patrícia Medrado*

Esporte e voluntariado nem sempre caminham juntos, mas quando acontece a química é explosiva. Conheci Sara nesse contexto em plena pandemia. Ambas atletas, resolvemos somar experiências para multiplicar ações dando corpo e voz ao recém criado Comitê Esporte do Grupo Mulheres do Brasil. Lá, buscamos nessa esfera, protagonismo feminino e equidade de gêneros.

Ela, a essa altura já acumulava oficialmente mais de 253 quilômetros rodados pelo mundo, de shorts, camiseta e tênis, acumulando experiências e com uma enorme bagagem de sonhos. Um deles resultou nesse livro que chega agora na sua segunda edição.

Confesso que nunca havia acompanhado uma maratona. Boa parte da minha vida vem sendo dedicada a um esporte com raquete e bola. Fui tenista profissional e sigo ainda hoje, na categoria master, perseguindo a adrenalina de jogos e torneios.

No meu esporte, acostumei a ter adversárias e a pensar em como derrotá-las focando em cada ponto, tentando isolar o mundo dos meus pensamentos, numa concentração absoluta em cada partida.

Quando comecei a ler o "Seis Corridas", a analogia entre as modalidades foi inevitável. Esse cenário de deixar fluir os pensamentos, mexer com as nossas emoções, lembranças e conversas internas, me pareceu singular.

Ocupar os pensamentos com os três espaços de tempo da vida, presente, passado e futuro, enquanto nos movemos e avançamos para a meta, é um privilégio. Como ela mesma diz, é necessário se gostar muito para papear consigo mesma ao longo das incontáveis horas de uma prova.

O livro enfim, traz insigts sobre planejamento, disciplina, foco e performance. Entretanto, o mais fascinante é a forma como Sara aproveita as suas passadas para divagar sobre a vida, revisitando suas dores, perdas e conquistas, de forma tão intimista e cativante que a torcida para a sua chegada se mistura com o desejo de que a jornada nunca termine.

Portanto aos que querem ou precisam acionar seus cronômetros para qualquer corrida na vida, aproveitem a inspiração das próximas páginas... aqui vai a largada!

*Patrícia Medrado é uma ex-tenista profissional que foi por 11 anos consecutivos a número 1 do Brasil e conquistou a medalha de prata nos Jogos Pan-Americanos de 1975, na Cidade do México. Foi número 48 do mundo em simples e uma das nove melhores duplas da temporada de 1982 ao lado de Claudia Monteiro. É formada em Educação Física e Fisioterapia, diretora executiva do Instituto Patrícia Medrado e líder do Comitê Esporte do Grupo Mulheres do Brasil.

prefácio da 1ª edição

Nos bastidores das principais maratonas do mundo

José Carlos Fernando*

O treinamento para uma maratona é a realização de uma jornada que contempla não só a preparação física para os 42.195 metros, mas também serve como um processo de capacitação em habilidades como organização, planejamento, resiliência, autoconhecimento e outras características que, juntamente com o fortalecimento, alongamento e corridas longas, constituem uma pessoa com corpo e mente em harmonia para superar seus desafios.

Uma viagem pelas seis maiores maratonas do mundo com histórias, dicas, inseguranças e muito aprendizado nos faz com que nos observemos e, ao mesmo tempo, analisemos as nossas forças e capacidades frente aos desafios.

É isso que "Seis corridas" oferece a você, um livro delicioso que mostra o que o esporte é capaz de nos ensinar e as reflexões deste ensinamento frente às questões do dia-a-dia.

Leitura leve e de fácil assimilação para você ter a experiência de que correr uma maratona é o exercício de se aprimorar diante das novas solicitações da vida, sejam elas pessoais ou profissionais. Boa leitura.

*José Carlos Fernando, mais conhecido como Zeca, é professor de educação física e nutrição, treinador de esportes e treinador de Sara Velloso desde 2008. Foi ele quem incentivou a autora de "Seis corridas" a se desafiar em grandes corridas pelo mundo.

Correr é o novo MBA

Em 2008, com 40 anos, incentivada pelo meu irmão comecei a praticar corridas de rua e em 2009 me desafiei na Meia Maratona do Rio de Janeiro. Eu, recém-afastada do sedentarismo, ex tabagista havia 8 anos, tendo fumado 2 maços de Hollywood por dia durante 17 anos pretendia correr 21 km ou 21.097 metros.

Sem contar toda a dedicação, disciplina e planejamento para cumprir o período de treinamento, quando qualquer deslize nos treinos é uma traição a você mesmo, tem o dia da prova: o primeiro desafio foi esvaziar a mente para garantir uma boa noite de sono e chegar com energia à largada. Ali, 17.000 participantes pretendiam sair de São Conrado e alcançar o aterro do Flamengo.

No meu caso, após 2h36m06s cruzei a linha de chegada. Eu tinha uma meta que superou a emoção dos aplausos da comunidade do Vidigal, a euforia de ver a praia do Leblon se abrindo ao final da descida da Avenida Niemeyer. A ansiedade do primeiro ponto de hidratação e resistir bravamente ao impulso de me afogar em copos d'água.

Tive que acomodar as passadas ao ritmo dos pedestres que deixavam a missa em Ipanema e desejavam atravessar a rua, ignorando meu esforço e alguns até me julgando, como se a minha corrida fosse um grande incômodo.

Já em Copacabana eu tinha uma dor no joelho, sentia um calor avassalador e uma ansiedade enorme de terminar tudo logo, mas sabia que se não respeitasse o ritmo treinado, colocaria tudo a perder. E aquela praia. Um convite para abandonar tudo e... "correr pra galera".

Subindo a Avenida Princesa Isabel em direção ao túnel já sentia o peso do desgaste e a energia minar. Um corredor mais cansado batia o pé no chão em um ritmo irritante, como se fosse de propósito, testando minha paciência na descida do Shopping Rio Sul. Respirei fundo mais uma vez... e pensei no pórtico. Ali eu já havia percorrido perto de 13 quilômetros, mais da metade da prova.

A cada placa outro quilômetro ficava para trás e eu mais perto da minha meta. Muita cansada e sempre esvaziando a mente para que não deixasse o meu corpo desistir. Perto do Km 16, a 5 da chegada, eu nunca vou me esquecer... Uma menina com seus 7 ou 8 anos gritou: "Vai Sara! Você consegue."

E jogou um sorriso lindo pra mim. Nas provas internacionais isso é muito comum, mas aquela era minha primeira experiência em longa distância. Bom... aquele sorriso me empurrou para a chegada.

Quando eu cruzei o pórtico, olhei para o lado e vi uma corredora com a mesma camiseta da minha equipe de corrida. Abraçamo-nos e celebramos a nossa conquista. Ali nasceu uma grande amizade. Completado meu desafio, quando voltei para casa comentei com o irmão: "Você precisa fazer isso."

Para mim foi muito mais que qualquer curso de formação ou especialização, foi uma escola de vida. Um catalisador de inteligência emocional e planejamento de vida. E venho repetindo isso desde então.

Em 2018, Nizan Guanaes intitulou uma de suas colunas na Folha de S. Paulo: "Correr é o novo MBA". É sim Nizan. Planejar um treinamento, gerenciar o turbilhão de eventos e emoções que envolvem um desafio de endurance é certamente um MBA... para a vida.

capítulo 1

Londres

"Eu não sei onde a felicidade mora, mas suspeito que seja na linha de chegada".
(autor desconhecido)

Maratona de Londres [2019]

Tempo de percurso: 5h18m57s

- I am here for you! - diz o voluntário sorrindo e colocando em meu pescoço a medalha mais esperada da minha vida. Eu finalmente completei a última prova.

Os acontecimentos chegam em flashes: imagens de pessoas nas ruas me aplaudindo e gritando meu nome, a medalha sendo entregue, os fotógrafos posicionados na minha direção, as frutas que recebi quando finalizei a corrida, bem como o cobertor térmico que colocaram em minhas costas.

Me sinto uma celebridade. Eu agora sou uma das raras 6.133 pessoas que completou as seis maiores maratonas do mundo. 144 brasileiros, com outros corredores espalhados por mais 87 países. O seleto grupo denominado Six Stars Finisher.

Não, eu não seria capaz de descrever o roteiro exato desse momento, é como se tivesse ingerido algumas doses de álcool, porém não é disso que meu corpo e mente estão entorpecidos, mas de endorfina. 42 quilômetros e 195 metros. É o que acabei de correr em pouco mais de cinco horas. A medalha em meu pescoço é a prova de que todos os meus planejamentos e treinos deram certo. A meta final concluída.

Não são apenas 42 quilômetros e 195 metros, mas seis vezes esta distância: Londres, Tóquio, Boston, Chicago, Nova York e Berlim. 253 quilômetros e 170 metros. Oficialmente. Extra oficialmente dezenas de pares de tênis, palmilhas sob medida, incontáveis treinos, musculação, médicos, fisioterapeutas, nutricionista, treinadores, dietas específicas e milhares e milhares de quilômetros percorridos. E dores. Sim, muitas dores.

Há quase vinte anos eu era fumante e jamais havia planejado correr nem uma quadra. Cerca de uma década depois, com as corridas, a minha vida começou a mudar, pelo esporte que me transformou numa pessoa mais focada e com rotina pré-estabelecida. A capacidade física adquirida através de vários planejamentos acabaram atuando em todas as áreas da minha vida.

"Será que tudo isto está mesmo acontecendo? Talvez seja preciso ignorar os flashes de agora e rever os momentos que me trouxeram até aqui. Vejamos..." Londres, 2019, minha sexta maratona na Six Majors. Primeira fase na minha organização mental.

Largada. Quilômetro zero.

Ok, relógio funcionando. Este relógio com GPS é uma ferramenta essencial para qualquer corredor. Aperto o "start" na largada e ele me mostra durante todo o percurso: ritmo, tempo e quilometragem.

Largada. "Calma Sara, se concentre, você está só no início, vai dar tudo certo! Pense em tudo que fez para chegar até aqui... ok, vamos lá..." Frio, muito frio. Os cerca de 8 graus é demais para uma brasileira como eu.

Ou melhor, de menos. Enquanto muitos vão de shortinhos e camiseta, eu me sinto toda empacotada, com luvas, gorro e capa de chuva. E assim irei até o final. Imagino que a maioria vai tirar a roupa na largada, mas eu não. Não desta vez. O legal deste momento é que a rua se torna um enorme depósito de roupas, que são recolhidas para doação por organizadores da prova. Sabendo disso, passo o ano guardando as roupas que vou doar nesse dia.

"Relógio: 500 metros."

"Frio, frio, esquece o frio, Sara. Foco. Pense em tudo que fez para chegar aqui, não se esqueça. Ok, 500 metros. Calma. Segue." Eu enviei carta para vinte instituições de caridade e apenas duas me responderam. Efetuei a doação para a Get Kids Going, associação de inclusão no esporte de crianças e adolescentes até 26 anos com dificuldade de mobilidade.

Eles identificaram minha aderência à causa pelo trabalho voluntário que faço para o grupo de corridas "Pernas de Aluguel". O "Pernas" tem por objetivo promover diversão para pessoas com deficiência motora e cognitiva, que são conduzidos por corredores voluntários durante as corridas de rua.

Os voluntários se revezam empurrando a cadeira dos deficientes promovendo sua integração com o esporte. Eu participo dos eventos, quando não estou nas minhas próprias competições. Este foi o ponto levado em consideração para a instituição aceitar a minha inscrição, mas muita gente acaba ficando de fora. Não é possível aceitar todas as inscrições.

Por isso, cada instituição atua com critérios durante a escolha dos candidatos à corrida, selecionando os que se aproximam de seus valores, autorizando em seguida a doação e inscrição. Ufa, sim, eu consegui!

"Relógio: 1 quilômetro."

"Olha no relógio. Viva. Um quilômetro. Foco e corre". Como sempre, quando completo um quilômetro eu penso: "Completei um e agora faltam 41". A minha preparação para esta maratona não foi das melhores, pois os meses que antecederam a prova foram bem complicados no trabalho e eu me deixei absorver por essa fase. Afastei-me bastante dos treinos. Não que eu quisesse isso, mas não vi muitas alternativas na época. Cheguei a engordar dez quilos.

Tive apenas quatro meses de treinamento, o que é considerado pouco para uma maratona. E mesmo nos meses de janeiro e fevereiro, de extremo calor, eu cheguei a correr vinte e sete quilômetros na esteira, que era o que estava conseguindo utilizar nesta fase para treinar. Três horas e meia na esteira. Eu mereço essa medalha.

"Relógio: 3 quilômetros."

- "Três quilômetros. Estamos indo bem". Os primeiros metros e quilômetros são os mais angustiantes. São os instantes em que revejo todos os treinos, as faltas, os dias em que poderia ter sido melhor, e por aí vai... "Será que poderia ter me dedicado mais? Eu vou conseguir? E se eu machucar alguma coisa? O pesadelo das câimbras vai me assombrar nesta corrida? Deveria ter treinado mais".

Assim minha mente vai se martirizando até mais ou menos a segunda etapa da corrida. Bem, da terceira etapa, se considerar a divisão que a própria corrida faz. De cinco em cinco quilômetros há marcações no trajeto para que os corredores possam se organizar física e mentalmente para o percurso, além de um tapete eletrônico, onde todos pisam e que se conecta com o chip que cada participante carrega no tênis para a medição da prova. Desta forma, o tempo, ritmo e posição de cada um são registrados em tempo real. Seus amigos e familiares podem acompanhar essas passagens pelo celular.

Internamente eu conto de sete em sete. Seis vezes sete quilômetros. 7, 14, 21, 28, 35 e 42. Então, para mim, funciona assim: até cerca de quatorze quilômetros o meu corpo já está aquecido, acostumado com a corrida, temperatura e ritmo alcançado. Esta sensação de equilíbrio me acompanha até os cerca de trinta quilômetros percorridos. Depois disso, inevitavelmente o cansaço chega, dores nas pernas e no joelho ocorrem e sigo até o final controlando mentalmente a dor e a ansiedade de chegar.

Resumindo: os primeiros 14 quilômetros é a fase angustiante, de culpas e reflexões sobre o que poderia ter feito melhor, dos 15 até os 30 quilômetros vem a fase de equilíbrio e prazer da corrida e a partir dos 30, a última fase, que é de dores e ansiedade.

Vale a pena? Vale. Certa vez conversava com uma amiga sobre o que eu faço e penso durante a corrida. - É muito tempo sozinha, preciso me concentrar em bons pensamentos para ter força e motivação – eu disse. Na verdade, converso longos papos comigo mesma, sonho acordada, tenho ideias, relevo desentendimentos e em dias ruins, até choro.

É preciso se gostar muito para se entregar a um esporte como esse. Ninguém fica sozinho de bem com seus pensamentos por mais de cinco horas vezes e vezes seguidas, se a companhia não for boa. E ali é você e você. É preciso equilíbrio, foco e disciplina o tempo todo. Continuei. No esporte não tem cola. Treinou, treinou. Não treinou. Quebra.

"Relógio: 5 quilômetros."

"Hora de tomar o gel. Água. Bebe. Isso. Vamos embora. Pense em algo para se concentrar". "Levanta os braços." Ah que alegria... plenitude. "Foco, Sara. Concentração."

Como explicar o que são as maratonas e o que elas significam para mim? Boa. Uma maratona comum é uma corrida realizada com um percurso oficial de 42 quilômetros e 195 metros, sendo a única modalidade esportiva que se originou de uma lenda grega.

Diz a lenda que, no ano 490 antes de Cristo, soldados de Atenas foram para a planície de Marathónas para guerrear com os persas. Suas mulheres temiam muito o resultado, pois os inimigos haviam jurado que, após a batalha, seguiriam para Atenas, estuprariam as mulheres e matariam suas crianças. Em posse desta ameaça, os gregos orientaram as mulheres, que se não recebessem a mensagem da vitória em um dia, que matassem seus filhos e, em seguida, se suicidassem.

Os gregos venceram a batalha, mas a luta levou mais tempo do que o esperado e então eles temeram que as mulheres executassem o plano. Para evitar o massacre, o general grego Milcíades ordenou ao seu melhor corredor, o soldado Fidípedes, que corresse até Atenas, situada a cerca de 40 km dali, e levasse a mensagem. Fidípedes correu a distância tão rapidamente, que ao chegar, disse apenas "vencemos" e caiu morto pelo esforço. Que história linda, me encho de orgulho.

"Relógio: 7 quilômetros."

"Estamos indo bem. Você não deveria olhar tanto para o relógio, Sara. Concentre-se em seus bons pensamentos. Tudo o que vivenciou para estar aqui hoje. Foram muitas lutas contra você mesma. O relógio é o de menos. Sua força está em sua mente e em seu coração. "Olhe as pessoas assistindo você. Quanta gente."

"Relógio: 8 quilômetros".

"Ai, meu Deus. Tenho que rever minha passada e estratégia de corrida, eu não tenho condições de finalizar no tempo que estipulei. Vou fazer uma sequência e seguir durante toda a prova: caminhar um minuto e correr até completar dois quilômetros, caminhar mais um minuto e correr até completar mais dois quilômetros e assim por diante".

Um corredor não gerencia sua corrida por velocidade, mas por ritmo, em quantos minutos se faz um quilômetro. Um ritmo confortável para mim é sete minutos por quilômetro. Estou em seis minutos e trinta, por isso um novo plano. Se continuar assim eu quebro e não termino a prova."

É bem importante estar preparada psicologicamente para rever e alterar os planos de corrida no meio do caminho. É um projeto como outro qualquer. Nem sempre o que se planeja acontece. Manter o foco é essencial. Eu estou vendo que não tenho condições de completar a maratona em menos de quatro horas e meia, não treinei para isso. Esta manobra de improviso chega a ser um plano B e todo atleta deve estar preparado para isto. "Ok, Sara, vai dar tudo certo. Você está indo bem!"

"Relógio: 10 quilômetros."

"Levanta os braços. Vivaaaaa! Quase na segunda fase... Passa o tapete. Ótimo. Mais um gel, água..., bebe... Se concentre! Pensar na maratona estava bom. Vamos focar neste assunto, Sara!"

O Six Majors ou o oficialmente World Marathon Majors é uma competição para os amantes da maratona, que foi criada em 2006 e que desde então ocorre todos os anos em seis grandes cidades: Berlim, Nova York, Chicago, Boston, Tóquio e Londres.

Os atletas amadores que completam as seis provas recebem certificado e a mais cobiçada medalha "Six Star Finisher Medal". Foi criado o "Hall da Fama" no site oficial da "The Abbott World Marathon Majors" onde os corredores têm suas provas e tempos publicados.

A cada participação, os atletas recebem uma medalha. E após a participação em todas elas, independente da ordem, ganha-se a medalha Six Stars Finisher, correspondendo a participação total nas maratonas. Eu não fazia ideia dessa premiação, e o Nelo me apresentou esse desafio.

"Relógio: 14 quilômetros."

"Segunda parte de 6 x 7. Ótimo. "Ai meu Deus, ai meu Deus, eu vou cair. Que imprevisto é esse?" Uma corredora acabou de soltar uma garrafa de água no chão, eu não pude evitar, pisei e virei o meu pé. As pessoas a minha volta me seguram e eu me mantenho firme, embora com muita dor. É muita falta de sorte, pisar numa garrafa d'água? "Será que eu vou conseguir? A dor vai passar? Acabou aqui para mim?"

Dor...

Para esta maratona os treinos foram exaustivos e doloridos. Precisava emagrecer muito rápido e a dieta não era compatível com bons resultados de desempenho. Quebrei muitas vezes fisicamente e interrompi treinos sofrendo ânsias imensuráveis.

Naquele sábado de carnaval, a região do Ibirapuera já estava isolada para receber os trios elétricos. Tinha terminado o meu treino e resolvi soltar minha perna... Tive uma câimbra tão forte, que vi minha panturrilha ficar deformada.

Parei como estátua. Sentia que se me movesse, a musculatura se romperia. As pessoas foram se juntando à minha volta, assustadas. Até que um policial chegou – Moça! Quer que eu te leve para o posto médico? – Oi? Moça? Sarei. Claro que não foi tão rápido, mas aos poucos, minha panturrilha foi inflando como um balão e voltou ao normal. Ainda doeu alguns dias, eu me lembro. Mas o "moça". Ainda é música para os meus ouvidos. Como assim eu iria desistir na última maratona que me faltava? Não dá.

"Relógio: 15 quilômetros."

"Ai, essa dor no pé". Tapete. Levanto os braços e a emoção vem, isso nunca muda. "Banheiro, banheiro, eu vou ter que ir ao banheiro, ok, vamos. Corre. Onde é? Ali. Fila pequena, graças a Deus. Água, gel, bebe, isso. A dor no pé já era, ufa. Pensamento positivo. Sigo no meu 2 por 1. Caminho 2 minutos e corro até completar dois quilômetros, até o final. "Foco, Sara, foco. Pense em algo que te ajude a se concentrar. Vai."

A participação em qualquer Maratona Six Majors exige uma inscrição. Como o esporte se tornou mundialmente popular, com participação de nacionalidades do mundo todo, ela pode ser feita de três maneiras: através de agências de turismo credenciadas e com pacotes completos, que costumam ser caros; por candidatura como doador de determinadas instituições de caridade (que irão posteriormente escolher os doadores através de dados enviados) ou ainda por sorteio.

Bom, também há aqueles que conseguem a participação

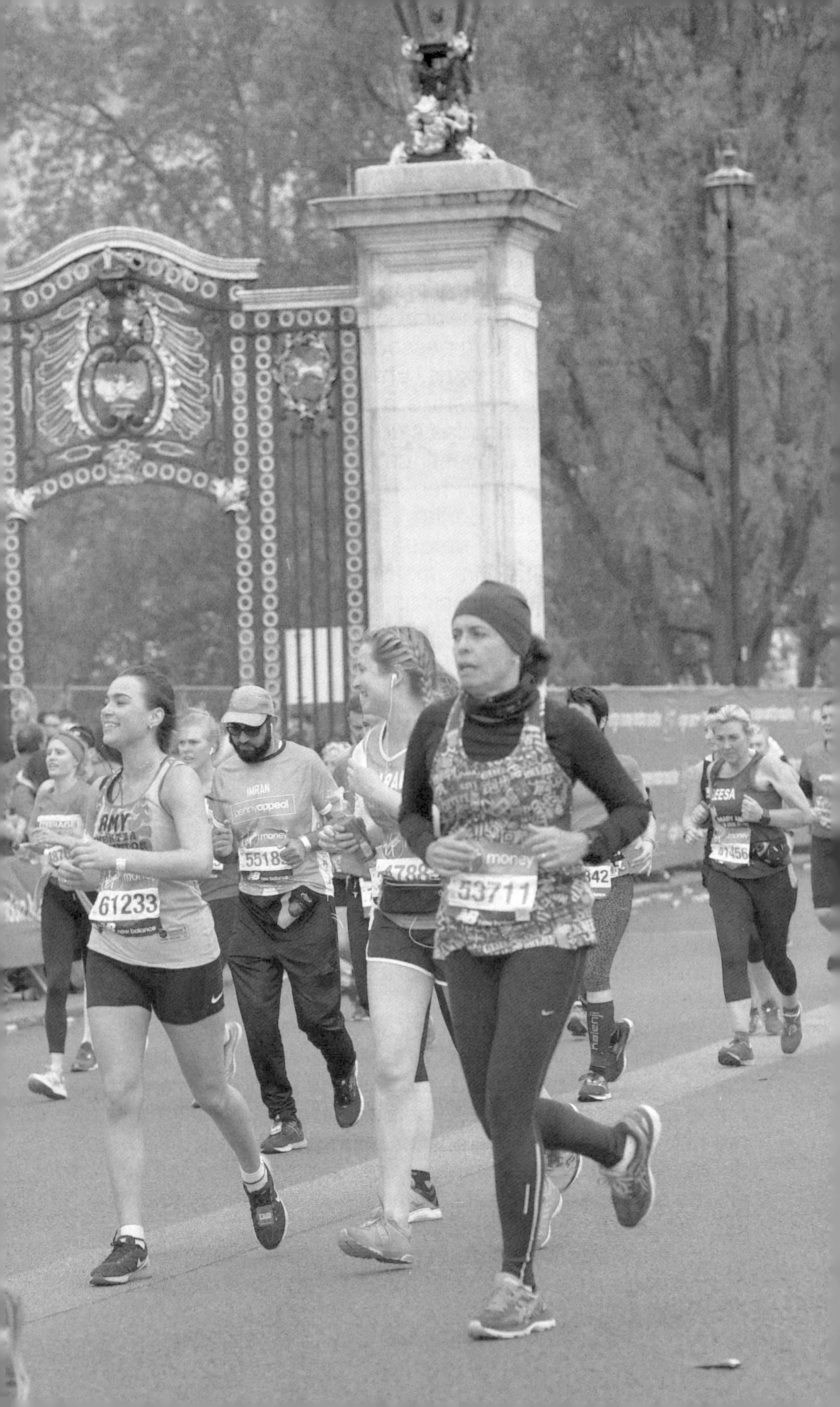
IMRAN
pennyappeal
money
61233
53711
41456

pela classificação de seu tempo em maratona recente, variando por faixa etária e número de candidatos para a prova. Não é o meu caso.

Sem falar no grupo de elite, que são atletas convidados para dar peso e nome à prova. Estes não precisam passar por nenhum tipo de inscrição. Quando alguém me questiona o investimento financeiro que acabo fazendo com as maratonas, eu sempre afirmo que tem pessoas que pagam por remédios, bebidas, psiquiatras, drogas. Enfim, cada um tem a válvula de escape que quiser. Esta é a minha. Multiplico milhas e diárias de hotéis bonificadas e completo o necessário. Tenho o privilégio de pagar e investir na minha saúde física e mental desta maneira. Eu amo correr.

A Maratona de Berlim, por exemplo, tem hoje aproximadamente cerca de quarenta e cinco mil corredores. Para qualquer Maratona Six Majors, é preciso além do planejamento de treino físico, o planejamento da própria participação na maratona. Desde a inscrição, que pode ser um processo trabalhoso, demorado e incerto, até o voo para o país escolhido, hotel e dias de viagens. Não é algo decidido de última hora de absolutamente nenhum ângulo. É preciso querer muito e se preparar para tudo o que é necessário. Física e psicologicamente. "Ótimo, Sara, continue assim."

"Relógio: 20 quilômetros."

"Quase a metade. Que maravilha. Levanta os braços." Feliz, feliz, feliz. Tapete, água, gel, bebe, isso. Terceira fase da corrida. Eu não vou ao banheiro de novo. Isso é muito bom. Menos tempo desperdiçado e mais tranquilidade na minha cabeça.

"Vamos lá. Pense em algo para manter o foco. O quanto você precisou fazer para estar aqui hoje, Sara? Pense. Pense." Se na infância eu não tinha ideia do que a palavra rotina pudesse significar, eu percebi na prática a falta que ela me fez. Ser uma criança e viver no improviso e à disposição do humor e crises da minha mãe, me fez perceber que os fins de semana na casa da minha tia-avó me proporcionaram segurança, dignidade e conforto.

Era mais agradável em vários sentidos e embora lá atrás eu não pudesse explicar tudo o que sentia como agora, todas essas sensações ficaram registradas em mim: na minha memória, no meu corpo, nas minhas sensações e até mesmo nos anseios que tenho para o meu dia-a-dia. E por isso tudo mudou. Fez parte de todo este caminho que formou quem eu sou hoje.

Aprendi a usar as dores do passado, causadas por mim mesma ou por outros, a meu favor. Assim que deve ser. Um relacionamento mal sucedido não deve ser uma lembrança para se estar sozinha, mas um aprendizado sobre o que fazer diferente da próxima vez. Buscamos o aperfeiçoamento através de tudo. "Olha lá, mais um tapete chegando. Viva!

"Relógio: 21 quilômetros."

"A terceira parte de 6 x 7. Esta é a sua organização de contagem. Não olhe tanto para o relógio, Sara. O que importa são os seus pensamentos. Foco, resiliência, força, fé, gratidão. Os valores que adquiriu e fortaleceu no decorrer de sua vida. Concentre-se. Pense numa música, como se pudesse estar com seus fones de ouvido agora. Uau. Isso. Uma orquestra sinfônica."

"Relógio: 25 quilômetros."

"Passei a metade." Mais uma vez o tapete. "Levanta os braços. Obrigada, obrigada, obrigada". A quantidade de pessoas ao meu redor diminuiu bem. É bom, assim também diminui a sensação claustrofóbica que sinto no início da corrida. Mais um sachê de gel, água, bebe, pronto.

Sais minerais e água repostos, foco em seus pensamentos. "Você está indo bem, os pensamentos focados estão te ajudando, Sara. Vamos lá." Nunca pude mudar a minha mãe. E nem mudaria. Os erros dela foram os responsáveis por grande parte de quem eu sou hoje.

Quando enterrei a minha mãe e chorei seu falecimento em seus cinquenta e sete anos de idade, chorei tudo o que não foi, os momentos felizes que não aconteceram. A dor de algo que a partir dali certamente ficaria apenas num sonho, jamais iria se concretizar. Minha mãe era uma mulher inteligentíssima! Extremamente admirada por seus alunos e amigos, mas em casa vivíamos em um trapézio sob sua instabilidade emocional. Lembro-me da angústia da volta da escola. Hoje é um dia bom ou ruim?

Eu não enterrei apenas a minha mãe. Eu enterrei qualquer esperança de que algum dia nossa relação pudesse ser diferente. Por que estou pensando nela agora? O que ela pensaria se soubesse que estou aqui? ela me admirava muito... Sarinha. Era assim que me chamava.

"Relógio: 28 quilômetros."

"A quarta parte de 6 x 7. Calma, Sara. Concentre-se! Mais dois quilômetros e o sexto tapete chega. Ficam faltando apenas dois, mais a linha de chegada. Quem diria? Reta final... Uma coisa muito legal durante as corridas são as bandas de diferentes tipos nas arquibancadas e plateia. Tem hora que dá para escutar rock, depois música clássica e até samba. É muito bom para alegrar a prova e se distrair, num momento de dor.

Adoro essa que está tocando agora:
"I gotta feeling, that tonight, that tonight
That tonight's gonna be a good, good, good, good
Good, good, good, good, good, good, good, good, good
Good, good, good, good, good, good, good, good, good
Good, good, good, good, good, good, good, good, good night".

"Relógio: 30 quilômetros."

"Trinta quilômetros. Parabéns, Sara." Mais um tapete eletrônico. "Levanta os braços". Adoro passar pelos tapetes. A sensação de mais uma etapa vencida. Vencida e registrada. Água, gel, bebe, pronto, "Foco em você." Agora começa a parte mais difícil.

As dores e o cansaço chegam, não tem jeito. "Pense em algo para focar sua mente em pensamentos e esquecer o corpo cansado. O que vai ser? Eu pensava na minha mãe." É, a mesma história serviu para o dinheiro. Com o passar dos anos eu aprendi a poupar. Sempre fui comedida, mas mesmo assim não tinha o melhor comportamento como alguém que se planeja economicamente. E isto mudou. Não lamento o que perdi. Olho sempre para frente. O que está atrás serve de aprendizado. E sigo apenas com o que assimilei rumo a uma nova versão de mim mesma, melhor do que a outrora.

Por isso a minha rotina hoje também é muito diferente do que foi a vida inteira. Eu sempre busco o que é melhor para mim. E hoje sou capaz em todos os sentidos de me proporcionar isso. Procuro ter a casa e a vida bem administrada. Supermercado, refeições, manutenção, tudo isso precisa funcionar.

Quando começo a treinar para uma maratona, sempre me lembro do discurso do Brian Dyson: ele diz que fazemos malabarismo com cinco bolas lançadas ao ar – o trabalho, a família, a saúde, os amigos e o espírito.

Para ele o trabalho é a única bola de borracha e as demais são de vidro. Se caírem, quebrarão e ficarão permanentemente danificadas. Para mim existe a sexta bola e é a única de borracha que representa a maratona. As demais são de vidro. Tudo funciona. "A corrida está funcionando. Continue Sara."

"Relógio: 35 quilômetros."

"Nossa, nem acredito. Levanta os braços." Festa dentro de mim. Aqui, a minha organização de etapas e a da corrida se misturam: é o sétimo tapete. E a quinta parte de 6 x 7. "Tapete, tapete, tapete, seu lindo. Passei você." Mais um gel. Água, gel, bebe, pronto!

"No que eu focava mesmo? Lembrei." Eu me levanto diariamente às cinco e meia e tomo o meu café-da-manhã e sigo para o treino, corrida ou musculação. Participo de uma assessoria de corrida e os treinos acontecem em um parque perto da minha casa.

É claro que às vezes sinto preguiça, mas levo comigo um conselho do médico Dráuzio Varela, que afirma que só podemos desistir do treino depois que nós já nos vestimos. Isso ajuda em 99% dos casos, porque se você foi capaz de sair da cama e se vestir, é porque já pulou a parte mais difícil. E isso me ajuda muito.

Tem dias que vou de mau humor ou com vontade nenhuma, mas tudo muda após o exercício. Nunca houve um dia em que eu tenha me arrependido de ir ao treino, mas apenas de não ir. Eu nunca saio de casa direto para o trabalho. Trabalhar vem depois, seja após o treino, o pilates, a terapia ou até uma massagem. Ou seja, quando sigo para o trabalho e vivencio o stress do dia-a-dia, já estou física e mentalmente preparada para isso. Feliz.

Quando eu fiz quarenta anos, prometi a mim mesma que a partir dali viveria os melhores cinquenta por cento da minha vida. E agora que passei dos cinquenta, eu posso afirmar categoricamente que continuo vivendo os melhores quarenta anos da minha vida. A vida é assim.

A gente melhora com o tempo, cresce, amadurece, se compreende, se perdoa, se ama. E tudo faz sentido. Mas é claro, também é preciso planejamento. Fica difícil fazer tudo isso se não houver uma renda e saúde. Para essas duas coisas, o processo começa desde sempre, ou ao mesmo tempo, desde quando nos damos conta de que devemos fazer isso. E quanto antes, melhor. "Esses pensamentos realmente estão funcionando, Sara. Continue."

"Relógio: 38 quilômetros."

"Ai, cãimbra, cãimbra. Meu pesadelo. Ai meu Deus. Estou longe do ponto de água, como eu vou fazer? Só me sobrou gel e preciso de água para tomá-lo... Olha lá: a torcida de um grupo de caridade. Vai ser a minha salvação, poxa vida, eu sou maratonista, eles estão aqui também por mim."

- I need water, please, please. Um deles imediatamente me dá uma garrafa de água fechada que possivelmente acabou de comprar. - Thank you! Thank you so much! Thank you. "Graças a Deus!" Água, gel, toma, pronto. Daqui a pouco a cãimbra melhora. Tudo certo.

"Relógio: 40 quilômetros."

"Reta final. Levanta os braços. Sara, Sara, Sara, calma, segura seu coração. Eu sei que você não se aguenta de emoção, mas deve manter o foco. Calma. "Pense, pense, pense, mantenha o foco para os quilômetros e metros mais importantes, não se perca, Sara. Vamos lá. Como tudo começou? Você se lembra?"

Meu irmão contou que a minha cunhada tinha arrumado algo muito legal para a gente fazer. Eu, mesmo sem entender direito do que se tratava, logo aceitei o convite. A confiança de que seria algo bom era fato, não podia ser nada que eu não fosse gostar. Meu irmão me conhece bem. "Ai meu Deus, não é para ficar olhando o relógio a cada cem metros Sara, calma."

"Relógio: 40 quilômetros e 500 metros."

"Concentre-se. Foco, Sara, foco. Por favor." Me apresentaram a uma assessoria de corrida que se encontrava aos sábados na USP e durante a semana em um parque próximo de casa. Se caminhadas intercaladas de um ensaio de "trotinho" for treino... foi assim que comecei a me chamar de corredora.

Nunca fui uma atleta, especialmente por causa do cigarro. Eu não tinha a disciplina de esportista. Gostava de esportes ao ar livre: trekking, mergulho, passeios de bicicleta sem compromisso. Felizmente, tudo começou a mudar a partir dali. O momento que ia transformar a minha vida. - Criamos um "monstrinho"!, assim define o meu irmão. Isto foi em 2008. "Ai, meu Deus, meu coração vai sair pela boca".

"Relógio: 40 quilômetros e 800 metros."

"Eu sei, eu sei, não é para ficar olhando o relógio, calma. Pense." Se no passado a minha compulsividade era compensada pelo cigarro, a corrida pode ter sido uma boa substituição. No início fazia caminhadas. Em seguida comecei a intercalar a caminhada com alguns minutos de corrida, aumentando o tempo correndo gradativamente.

Tudo isso sob a orientação do treinador da minha assessoria de corrida, que me acompanha há 11 anos. Somente em 2011, tive a primeira virada de ano sem absolutamente nenhuma dor ou lesão. Isso era uma oportunidade para pensar no desafio de uma maratona.

"Relógio: 41 quilômetros."

"Calma. Falta um quilômetro e os famosos 195 metros.

Vamos embora. Apenas continue." Depois de realizar a minha primeira prova, aumentei a corrida para cinco quilômetros, em seguida para dez e assim por diante. A superação de mim mesma era algo que não tinha preço. Eu percebia, dia após dia, que ficava mais leve e mais forte. A vida estava tomando outro rumo e os sabores que eu estava sentindo eram todos inéditos para mim. "Que nervosismo, meu Deus. Eu sei, eu sei. Estou distraindo a mim mesma com os pensamentos, mas no fundo estou uma pilha."

"Relógio: 41 quilômetros e 300 metros."

"Calma, Jesus! Me ajude. Meu coração vai explodir. Pense, Sara, apenas pense." Sábado era o dia de USP. Os grupos dos diversos pontos de treino se encontravam lá. Assim fui fazendo amigos corredores.

Combinávamos provas, viajávamos para correr em outras cidades, compartilhávamos dicas de nutrição, fisioterapia, marcas de tênis, provas, novos suplementos, ouvíamos as histórias de outros corredores. Quando se percebe, já faz parte da sua vida.

A minha primeira meia maratona, do Rio de Janeiro, aconteceu devido a uma das histórias que ouvi, que me fez rir e também me empolgou bastante. Uma corredora, no ano anterior, fez a prova junto com o marido, mas como ela não tinha o mesmo condicionamento físico que ele, decidiu entrar na prova em Copacabana.

Porém, por um erro de informação, já que a elite masculina já havia passado, ela acabou entrando antes da elite feminina que ainda ia chegar naquele ponto e por isso foi aplaudida e ovacionada como se estivesse na primeira colocação deste grupo até que percebessem a confusão. Gostei da história e desejei correr lá.

E assim eu fui me desafiando, prova após prova, treino após treino, maratona após maratona. Nunca houve o desejo ou desafio de superar ninguém, exceto a mim mesma.

E a cada vez que me superava eu sentia vontade de superar mais, porque eu mesma estava colhendo os benefícios, que vinham em forma de saúde, bem estar e bom humor. "Calma."

"Relógio! 41 quilômetros e 500 metros."

"Que dor, meu Deus do céu. Ai minha perna. Foco Sara, foco, se concentre. Esqueça a dor. Onde você estava?" É interessante o conhecimento que se adquire pelo esporte e o compartilhar em seguida, que faz grande diferença na vida do atleta, como por exemplo, o estudo da altimetria da prova. É importante para quem vai fazer um percurso de quarenta e dois quilômetros, entender onde há uma longa subida, uma longa descida ou uma reta, para que o corredor possa saber onde usar a sua energia e onde se resguardar para completar a prova.

Tudo é aprendizado e sempre faço questão de passar adiante o que aprendi, da mesma maneira que um dia recebi a informação de outro colega. Todos vão se tornando parceiros: no esporte e na vida. Em 2011 foi lançada a proposta de corrermos a Maratona de Berlim. "Olha, quase no fim."

"Relógio: 41 quilômetros e 900 metros."

"Hora do sprint." Dor, dor, dor. "É hora do seu sprint, Sara." Para quem não corre, não tem ideia do que são esses últimos trezentos metros. E nem eu sei de onde tiro forças para correr ainda mais rápido nessa última parte. É emocionante, mas muito pesado. "Pense Sara, pense, pare de olhar no relógio, estamos quase lá."

Continuando. Juntei-me ao grupo que seguiria para esse desafio. Será que estava pronta? Não seria cedo demais? Qual será o preparo necessário para essa prova. Não tinha respostas mas a ideia de mais um desafio de superação foi o suficiente para a minha decisão.

"Relógio: 42 quilômetros."

"Socorro. Cadê o Nelo? Que saudade das minhas cachorras... Ai minha perna. Que cansaço. É a última vez que corro uma maratona. Vou ganhar a medalha da minha vida e chega! Mentira. Eu nunca vou parar. Ai, meu Deus, as pessoas gritando. Que lindo. " - Sara! - Sara! - Go, go, go, go! - Go, Sara, go! - Go, go, go, go! - Sara! "Que emoção, meu Deus. Eu não aguento mais."

"Relógio: 42 quilômetros e 195 metros."

"Sara, alguns míseros metros..." Alguns passos. Braços levantados. Estou rindo, por dentro e por fora, com uma mistura de "ai" pela minha perna. Será que alguém gritou o meu nome? Os abraços entre os corredores. Eu amo este momento. Linha de chegada. Meu momento celebridade. Primeira medalha, pela maratona de Londres. O respeito ao maratonista é algo indescritível. Um voluntário te coloca a medalha, outro a manta térmica. Os flashes voltaram.

Não é possível viver tanta emoção senão por flashes, agora eu entendo, não vai mudar. Segunda medalha: a Six Stars Finisher. Pose para fotos. Lágrimas, suor, sorrisos. Saio e me encontro com o Nelo. O seu olhar de orgulho e aquele abraço são minha melhor recompensa. Londres é sinônimo de "Pint" - um enorme copo de chopp - e seguimos de mãos dadas em busca de um pub para brindar.

É claro que a cidade tem pontos turísticos incríveis, museus maravilhosos, a Abadia de Westminster, a Catedral de Saint Paul, onde se casou a Princesa Diana. Andamos quilômetros e quilômetros pela cidade, absorvendo todos os cantos e espaços, mercados de rua. Claro que provamos o famoso "Fish & Chips". Londres tem um sistema de mobilidade sensacional, bicicleta, ônibus e metrô que se integram perfeitamente, um país de muita cultura gratuita à disposição de qualquer pessoa. Por dentro eu penso: "Obrigada por me acompanhar até aqui, na minha paixão e loucura que tão poucos compreendem".

21
LONDON
MARATHON
2019
Virgin money
53711
Virgin
LONDON
MARATHON
money

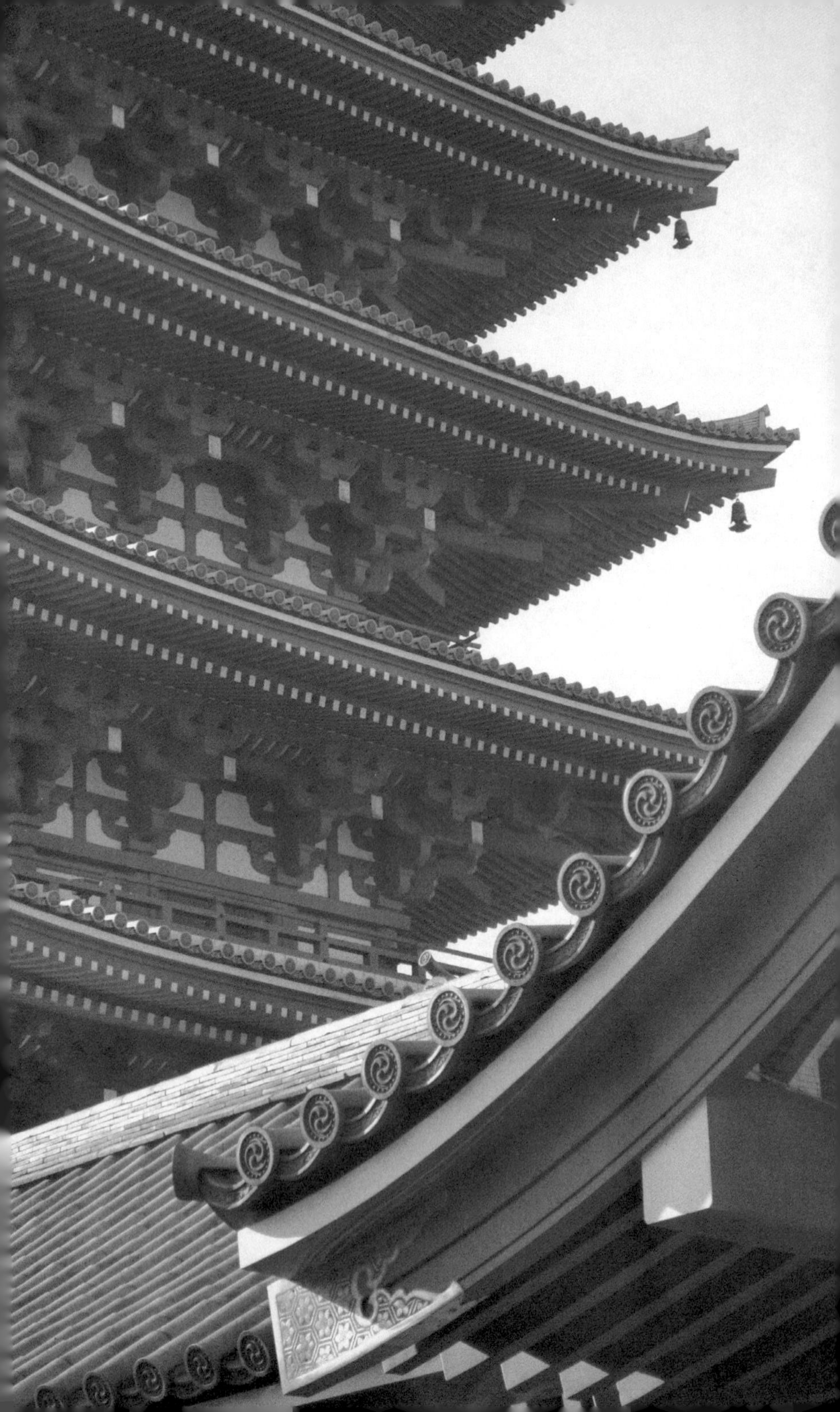

capítulo 2

Tóquio

"A vida é um constante recomeço. Não se dê por derrotado e siga adiante. As pedras que hoje atrapalham sua caminhada amanhã enfeitarão a sua estrada." (autor desconhecido)

Maratona de Tóquio [2018]

> Tempo de percurso: 5h26m20s

Quarenta horas de voo em classe econômica. Um período de 4 dias viajando, sendo 2 para a ida e 2 para a volta e quatro dias em terra firme, com um fuso-horário de 12 horas, que fica o tempo todo ao contrário. Quem é que faz um bate e volta deste tipo para o Japão apenas para correr uma maratona e voltar? Pois é. Eu fiz. Pela segunda vez. E bem acompanhada. "Partiu quinta Maratona Six Majors!"

> Largada. Quilômetro zero.

"Como assim não podemos levar nada de comida ou água? Vai descartar tudo? Bom, ok, fico para trás e como a minha banana. Banana para vocês! Volto para passar no detector de metais e revista, agora sem meu lanche preparado na véspera. É bem cedo e faz frio... Quer saber? Corro para o banheiro, melhor assim. Pouca fila. Volta!

> Relógio funcionando.

Frio, frio, frio... ai, meu Deus, me ajude... Três graus? Ninguém merece." Palmas e gritos de motivação são sempre emocionantes, principalmente após tudo o que eu fiz para estar aqui hoje. Agosto de 2017: uma grande cirurgia. Cinco dias de internação mais 15 dias em casa. Uma variedade de dietas rígidas e específicas, pré e pós operatórias. Agora com um resquício de incontinência urinária. Pode ser que me obrigue a parar várias vezes para ir ao banheiro.

"Ai, meu Deus, será?! Tomara que não. Concentre-se, Sara. Senão, além da incontinência, é capaz de você adquirir uma cistite psicológica." Eu bem que me planejei para correr em Londres com o Nelo em abril, mas as regras alteradas de última hora e não muito claras de uma das duas únicas agências de viagens no Brasil, que vendem a participação na maratona, não me permitiram me inscrever para Londres, então aceitei de bom tom a oferta que sobrou, de correr dois meses antes do planejado em Tóquio, mesmo recém-operada.

Confesso que teve o lado bom, pois com tão pouco tempo para treinar, talvez eu nunca tenha tido tanta disciplina nos treinos como para esta maratona. O tempo de treino não foi o bastante como deveria ter sido, por conta dos cinco meses de interrupção entre a cirurgia e seu antes e depois. Mas no fim, acho que deu tudo certo. Vou tirar a prova hoje.

Se na época que conheci o grande amor da minha vida eu fui sua torcedora em Tóquio, agora era a vez dele de torcer por mim. Mesmo ainda sofrendo com algumas alterações fisiológicas após a cirurgia, vamos ver o que vai dar... Que Deus me proteja. "Força, Sara, força. Foco. Pense!"

"Relógio: 5 quilômetros."

"Ok, primeiro tapete, viva. Levanto os braços. - Êêêêê..." Os gritos e palmas mentais a cada tapete parece que renovam a minha energia. É sempre assim. "Ok, água, gel, bebe, pronto." "Pare de olhar no relógio, Sara. Daqui, só em dois quilômetros, na sua contagem, no 7." Ainda está frio, meu rosto dói. "Ok, puxa o lenço do pescoço e cobre o rosto. Quem quiser pode pensar que estou fantasiada de assaltante, sem problemas. Ao menos, a pele para de doer. Socorro. Por favor, concentre-se. Foco em bons pensamentos. Isso."

Se tem uma coisa muito interessante sobre o Japão, é que aqui os cidadãos são responsáveis por recolher seu próprio lixo. Não há lixeiras na cidade ou em locais comerciais. Se eu comprar algo, devo guardar a embalagem comigo até voltar para casa ou hotel e descartar nesses locais o lixo que acumulei durante o dia.

Seria uma ofensa pedir para alguém jogar o meu lixo numa recepção de hotel ou balcão de loja. Eu devo carregar o mesmo comigo até o meu quarto no hotel e só então descartá-lo. O Japão se mostra mais evoluído em vários sentidos: tecnologia, educação, preservação e tanto mais. Um grande aprendizado para quem visita o país.

O japonês tem complexo sistema de reciclagem de lixo e precisa pagar para o descarte de objetos que não se encaixam nas regras; já pensou? Além de separar 100% para que tudo possa ser reciclado. E funciona. A polícia não anda armada. Primeiro mundo?! Para quem acha que japonês é tudo igual, precisa rever seus conceitos e entrar em um vagão de Metrô em Tóquio. Não é bem assim. Todos são diferentes uns dos outros.

O japonês parece que busca ter uma identidade própria. Eles pintam o cabelo de diversas cores, se vestem com roupas coloridas e diferentes, fazem cosplay, muitas coisas únicas e extravagantes que os destacam dos demais. É muito interessante. Tudo funciona no Japão. "E eu estou indo bem."

"Relógio: 7 quilômetros."

Ótimo, nenhuma dor até agora. Primeira parte de 6 x 7. "Foco, Sara, concentre-se!" - Sara, Sara! Ai, que lindo! O Nelo gritando para mim. Ah, o amor, como é bom. "Banheiro, eu vou ao banheiro. Nem tenho certeza se preciso, mas essa cirurgia mexeu bem mais do que com o meu corpo, mas com a minha cabeça. Vai, corre. Fila meio longa. Japonês não faz xixi na rua. Ok, não tem jeito.

Volta. No que você pensava mesmo?" Japão, sim. Logo que chegamos, tivemos uma experiência bem interessante, imagina se no Brasil aconteceria algo assim? Creio que não neste século. Tínhamos visitado Shibuya, o grande centro comercial da cidade e outros centros turísticos durante todo o dia.

Tarde da noite, estávamos parados numa rua, com frio e chuva e quase ninguém estava por ali. Eu e o Nelo precisávamos atravessar de um lado para o outro da rua. Farol fechado para pedestres, nenhum carro. Fizemos menção de atravessar, quando um grupo de três adolescentes começou a nos chamar a atenção em japonês, para que não atravessássemos.

Não compreendemos uma palavra, mas os gestos deixaram claro que não deveríamos atravessar com o sinal vermelho. "Quanta educação e disciplina, meu Deus."

Falta de flexibilidade? Não, eles estão certos. E não atravessamos. Aprendemos. Onde há disciplina, há de ser melhor. E é. Simples assim.

Estou bem, corri a Friendship de 5 quilômetros ontem com um monte de gente fantasiada. É comum que em muitos países antes do dia da corrida, haja a organização de uma corrida apenas por brincadeira. É sensacional. Olha lá, mais um tapete chegando. Viva.

"Relógio: 10 quilômetros."

"Ok, água, gel, bebe! Você está indo bem, Sara! Nem parece que fez uma cirurgia. Ok, esquece essa parte, foque em outras coisas agora." Nossa, adorei a comida do Japão, o sashimi daqui é muito diferente do que costumo comer no Brasil.

"Ai meu Deus, será que vou ficar com fome pensando na comida daqui: Mas é que é muito boa." No subsolo do metrô há tanta vida. Grandes centros comerciais e lugares para se comer, é fantástico. Um mundo a ser explorado.

Bem ali, comemos um Tepan de peixe branco com arroz japonês inesquecível. O tipo de experiência simples, mas das melhores que se pode ter numa viagem como essa. O hotel foi o mesmo da primeira vez, o Keio Plaza, o oficial da prova: chique e perto da largada da maratona. Bom, acho que tem que ser especial desta vez mesmo. Logo que eu conheci o Nelo, fizemos a nossa primeira viagem juntos, quando eu o acompanhei à sua maratona justamente aqui, neste país, há alguns anos.

Não tem como não lembrar e associar o nosso romance à história das maratonas e a cidade de Tóquio. "Ai, meu Deus, será que preciso ir ao banheiro? Esta cirurgia deixou meu corpo e minha cabeça confusos. Não sei. O que eu faço?"

"Relógio: 14 quilômetros."

"Segunda parte de 6 x 7. Onde tem um banheiro? Eu vou, sem certeza mesmo, por precaução. Corre. Fila de novo. Vou perder uma meia hora somando todas essas paradas, mas faz parte. Volta. Mais um quilômetro e chego no terceiro tapete." É incrível como estou bem, apesar de tudo, da cirurgia e do pouco tempo de treino, que ótimo!

"Foco, Sara, foco, concentre-se. Pense em algo bom. Uau. Se pensar nos porquês de ter começado tudo isso." Muitos são os amores que passam pelas nossas vidas. Todos certamente nos ensinam. Uns acabam ensinando mais outras coisas do que propriamente o amor, mas tudo vale a pena, gosto de pensar assim, pois sou grata a todas as pessoas que passaram pela minha vida e me ensinaram o que estavam predestinadas a me ensinar, tenha sido o que for. "Calma lá, próximo tapete."

"Relógio: 15 quilômetros."

Levanto os braços e a sensação de ser imbatível e gloriosa me invade. Sou madura e compreendo que isto é momentâneo e irreal, mas me permito. É bom demais! "Água, gel, bebe, pronto. Foco, Sara, por favor. No que você pensava antes do terceiro tapete? Ah, sim." Quando conheci meu ex-marido, me apaixonei pelo sonho em comum que compartilhamos por um bom tempo. Ambos queríamos ter um filho.

De alguma maneira, vejo que acabei atraindo uma pessoa para a minha vida nos modelos conhecidos da minha infância. Nossa relação não durou cinco anos. Foi pelo nosso sonho em comum, que tivemos nossos primeiros obstáculos, na minha dificuldade em engravidar naturalmente. "Tapete à vista, graças. Calma, Sara, quase lá."

"Relógio: 20 quilômetros."

"Ok. Água, gel, bebe e pronto." Estou muito feliz com o minha performance, parece mágico. "Braços levantados e foco na minha história, é isso." Continuando. Fiz todos os tratamentos possíveis para conseguir engravidar, mas não aconteceu. Na primeira vez que engravidei perdi o feto com dez semanas, o que me causou muita tristeza. Chorei como quem perde um filho. Tive que enterrar o bebê sem tê-lo em meus braços. mais uma vez chorei tudo o que não foi.

Apesar da decepção, quis seguir firme em meu propósito, não ia desistir. Porém, depois de mais uma tentativa sem sucesso, precisei passar por uma cirurgia, antes do próximo procedimento. Dois meses depois, fui diagnosticada com Hepatite C, provavelmente uma decorrência da cirurgia. Vivi um daqueles momentos de me perguntar: por que comigo? Mas simplesmente aconteceu.

Meu sistema imunológico combateu a doença e em menos de três meses a carga viral era indetectável. Estava curada! Se não puder chamar de sorte, chamo de benção, de vida, de Deus. Com tudo isso, cheguei à conclusão de que não estava no caminho certo. Eu já havia sofrido dois abortos, quase perdi a saúde e não queria mais sobreviver por questão de sorte.

Ao mesmo tempo acreditei, que se seguisse adiante e engravidasse, talvez o bebê pudesse sofrer uma consequência de tudo aquilo: uma deformidade ou doença e eu não queria me sentir responsável por isso. Para o meu ex-marido, a sua dor também era intensa. Era para isso que havíamos nos casado. Sofremos juntos essas perdas e decepções e ele não compreendia a minha percepção, mas seguimos adiante. Cheguei a pensar em adoção.

"Nossa, que coisa boa, nem estou acreditando, próximo tapete chegando e eu me sinto incrível, a própria Mulher Maravilha." Em Tóquio os corredores se fantasiam mais que em outras provas e muitos são "super-heróis". "Foco, Sara. Não se perca."

"Relógio: 25 quilômetros."

"Ok. Água, gel, bebe e pronto." Levanto meus braços com cansaço, mas com uma alegria indescritível! "Parabéns, você está indo muito bem! Foque no que estava pensando anteriormente, pois ajudou bastante. Vejamos."

Depois das perdas, minha energia foi toda para o trabalho, que era algo que sabia fazer bem, me fazia feliz e me ajudava a superar a tristeza. E ao mesmo tempo em que a minha carreira dava início a um caminho de sucesso, o meu ex-marido, que era muito bem sucedido se tornou desempregado e nosso relacionamento não se sustentou. Vivíamos em situações opostas. De alguma maneira, o que podia ter sido equilíbrio, se tornou um fardo para ambos os lados. "Em quantos quilômetros estou?"

"Relógio: 28 quilômetros."

"Ok. Água, gel, bebe e pronto. Quarta parte de 6 x 7. Excelente. Onde eu estava mesmo em meus pensamentos? Foco, Sara. Mantenha-se focada." Meu ex-marido, não conseguia suportar a perda do status que possuía se contrapondo ao meu crescimento profissional.

Acabou ficando no mesmo lugar por tempo demais. No lugar de sofrimento. Eu sentia tanta saudade do silêncio das paredes do meu apartamento de solteira que chegava a doer. E nosso relacionamento não se prolongou. "Como esse povo grita, que coisa deliciosa. Mais um tapete chegando, o quinto."

"Relógio: 30 quilômetros."

"Viva! Água, gel, bebe, isso. Tudo certo. Ai, meu Deus, o Nelo gritando outra vez. Que incrível, dá até vontade de chorar. Esse sim é companheiro de vida e alma. No que eu pensava mesmo? Calma, Sara. Ah, sim, no que foi antes dele. Vamos lá."

Algo que aprendi de muito importante foi tomar as rédeas da minha vida e acompanhá-la quase que diariamente, com o mesmo empenho que acompanhava minhas corridas: tempo, passada, ritmo, calorias ingeridas, água. Um passo desconfortável, mas absolutamente necessário para alcançar um objetivo lá na frente.

Este passo mudou toda a minha vida no futuro. Infelizmente não tivemos a oportunidade de nos separar civilizadamente. Enfrentamos um processo litigioso, que dura até os dias de hoje. A relação durou menos de cinco anos, mas o processo de litígio já faz aniversário de doze anos. "Como pode, meu Deus?"

É uma pena que alguns relacionamentos tenham que ter um fim mais longo do que o próprio amor foi capaz de durar. "Ai, meu Deus, mais um tapete chegando. Força, Sara, você está se saindo muito bem. E nem pensou na cirurgia. Que coisa boa. Obrigada."

"Relógio: 35 quilômetros."

"Ok, vamos lá: água, gel, bebe. Pronto! Perfeito! Onde estava o meu foco? Ah sim." Após este fim de convivência e casamento, voltei a morar em meu apartamento de solteira. Que silêncio

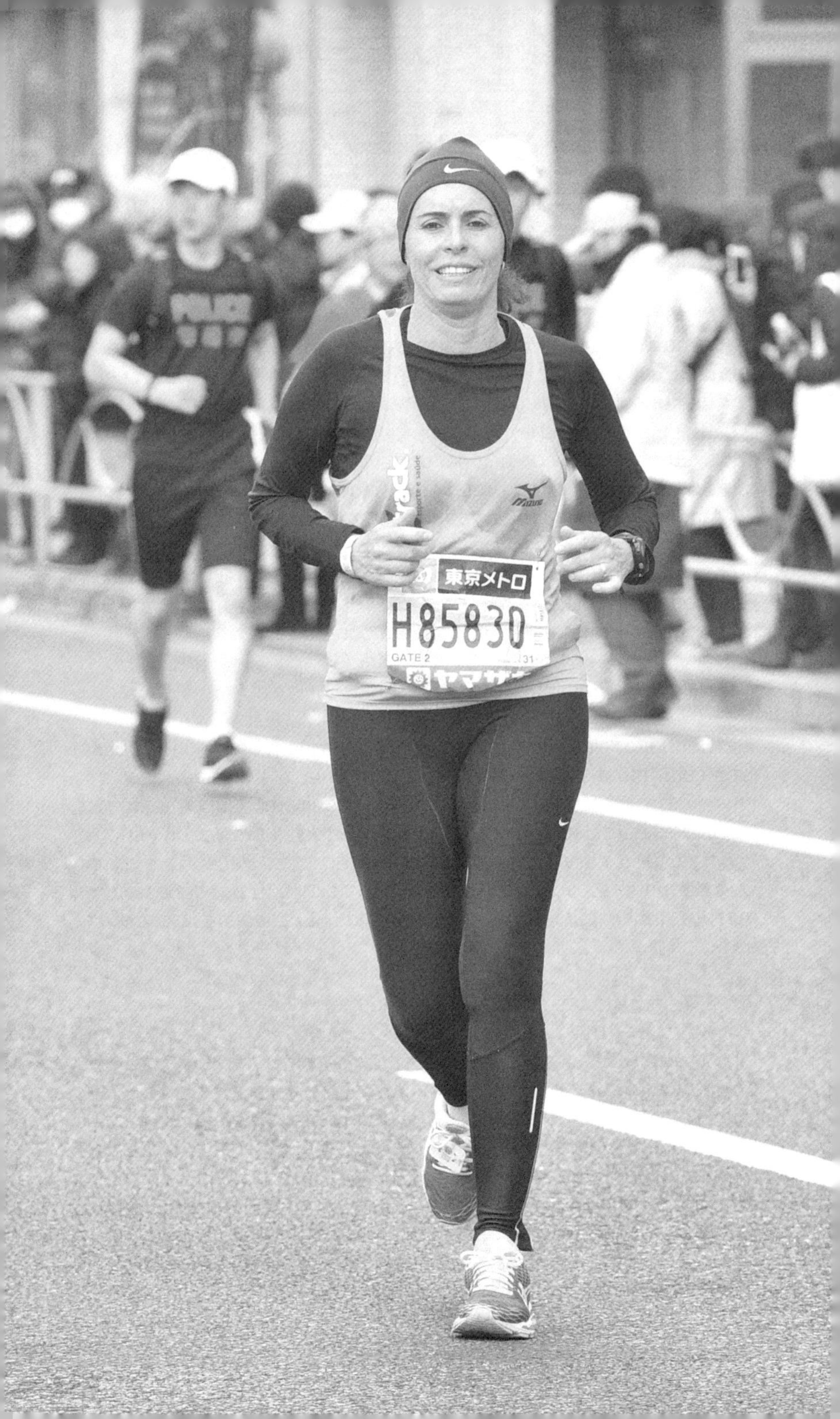
東京メトロ
H85830
GATE 2

acolhedor! Mantive a minha simplicidade. O meu foco continuava a ser o trabalho e a minha carreira.

Eu estava feliz assim. Tanto que continuei naquele apartamento ainda por dez anos. Poderia ter ido para um lugar maior, mas este nunca foi o fiz. E neste momento eu já havia trazido para a minha vida pessoal todo o planejamento e estratégias financeiras que usava no trabalho.

Se eu passava a maior parte do tempo entre o trabalho e as corridas, não havia a necessidade de assumir maiores custos por um benefício que nem teria tempo de usufruir. A prudência e cautela já eram parte de quem fui me tornando no decorrer dos anos. Eu tinha adotado a Teca, uma vira lata vítima de maus tratos que como eu encontrou proteção no nosso lar.

Ambas tínhamos sido abandonadas de alguma maneira e apoiamos uma a outra. Relação de amizade e amor que dura até hoje, ela agora com seus treze anos de vida. Mais tarde veio a Babi, outra vira lata na minha vida. "Minha nossa, mais um ponto de controle! É muita alegria. Aguenta coração."

"Relógio: 40 quilômetros."

"Banheiro. Não. Fome. Não. Água? Também não. Minha nossa, isso está muito bom. Foco? Sim. Vamos lá." O grande amor que tenho em minha vida e que acredito, seguirá comigo o resto dos meus dias surgiu justamente daquilo que mais aprecio: do esporte. E como tudo na vida, uma coisa leva a outra. Penso que se ele veio de fonte tão positiva é porque boa coisa é. E por vários outros motivos tenho esta convicção. "Calma, Sara, calma. Concentre-se."

"Relógio: 40 quilômetros e 500 metros."

"Ai, meu Deus, não consigo parar de olhar no relógio. Foco, Sara. Acalme-se." O nosso primeiro encontro foi o mais inusitado possível: nos trombamos na USP, literalmente, ele correndo e eu de bicicleta. Em meio ao meu desconsertado pedido de desculpas, ele me convidou para jantar. Percebemos que havia muitas coisas em comum: tínhamos morado muito próximos, votamos a vida toda no mesmo colégio, e inúmeros pequenos detalhes.

Em 2011 corremos nossa primeira maratona "juntos" em Berlim sem nos conhecermos. Enfim, as nossas vidas se cruzavam em muitos pontos. É aquelas coisas da vida que, sem dúvida, tem que acontecer. Eu não poderia ter ido por outro caminho? Ou ele? Por que justo naquele segundo nós nos encontramos?

Porque tinha de ser. Há quem diga que o espírito de sua mãe jogou a minha bicicleta em cima dele para promover o encontro. "E esta corrida? Não acaba nunca? Meu coração não aguenta."

"Relógio: 41 quilômetros."

"Água? Nem pensar! Pensar? Acho que já estou ficando louca, misturando mil assuntos. Chego até mesmo a sentir a presença do Serge durante a corrida..., como seria se ele estivesse aqui? Correria comigo? Assistiria e torceria por mim das arquibancadas? Quanta saudade, meu Deus. "Ai, meu Deus, ai meu Deus."

Eu respiro fundo enquanto me pego imóvel na pista, olhando para as pessoas nas ruas, como se procurasse o Serge dentre elas. Sempre o vejo em muitos lugares. - Sara! Sara! Você está bem?, ele sempre me pergunta isso. Os gritos do Nelo me despertam de outro mundo em mim mesma, que pareço ter visitado em questão de segundos.

Eu respiro fundo e volto a correr. "Sara, não pense no Serge, é melhor assim. Ok. Continue." Ao menos estou conseguindo. Quase a hora do sprint. Será que vou conseguir? Os trezentos metros para os quais sempre busco energias de onde nem existem mais. De algum jeito, sempre está lá. É incrível.

Onde eu estava em meus pensamentos antes do Serge?" Como Nelo também era corredor, ele estava indo para a Maratona de Tóquio e me convidou para acompanhá-lo na viagem. Apesar de ser um convite praticamente irrecusável, pois eu já estava apaixonada por ele, hesitei muito. Mas fui.

"O que você quer que eu faça na maratona para você, quer que organize uma torcida, faça uma faixa, ou o que?", perguntei. "Ah, fica lá torcendo por mim, já é o suficiente". Quando ele chegou no quilômetro trinta e cinco, onde eu estava, abri uma faixa para ele com letras garrafais escrito: "Eu te amo." O amor não é lindo? Sente-se outra pessoa quando se ama. O amor transforma a vida em significados. "Ai, meu Deus, quanto ainda falta?"

"Relógio: 41 quilômetros e 200 metros."

"Calma, Sara, calma, são os metros finais. Concentre-se. Deu

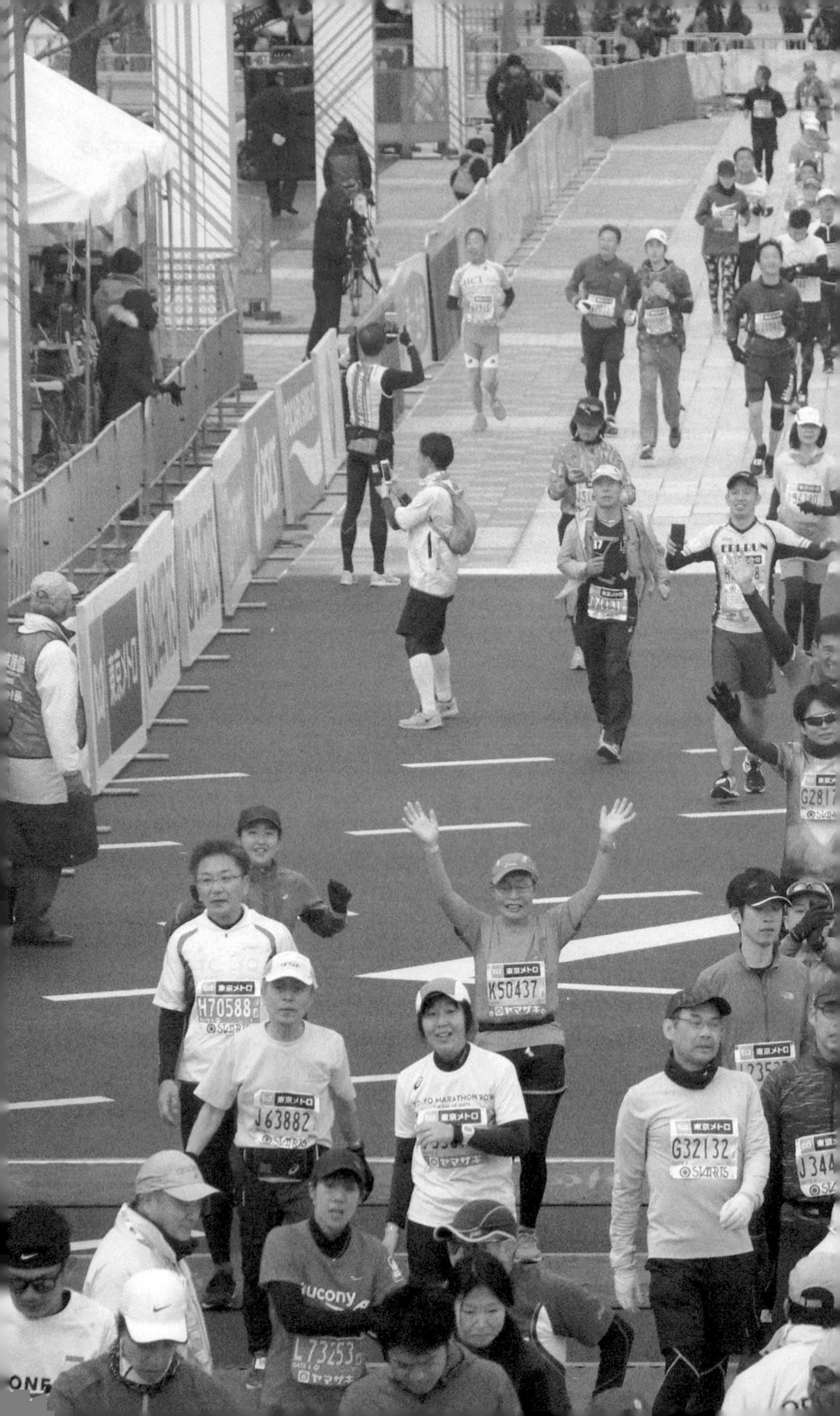
東京メトロ
K50437
ヤマザキ
H70588
J63882
G32132
L73253
ヤマザキ

東京メトロ
B92506
L27897
G67592
L27996
K85090
G32925
E81618
D82164
B82387
J96717
J20732
Z6883
8377
Y31493
Big Lake

tudo certo até aqui. Foco." Em resumo: nos conhecemos num belo mês de dezembro. Fomos para a maratona e em março seguinte morávamos juntos. Reformamos a casa onde hoje moramos e é o nosso lar. Tudo funciona, é bonito, prático e a nossa cara. O que acrescenta também na nossa relação. Meu coração está acelerado. Cansaço, nervosismo, ansiedade. "Você é uma vencedora!"

"Relógio: 41 quilômetros e 500 metros."

"Calma, Sara! Falta muito pouco." Penso que escuto os gritos de motivação das arquibancadas, mas os japoneses não torcem, porém estão lá por toda a prova, oferecendo tomatinhos aos corredores. Isso mesmo. Tomates. E continue pensando."
- Go! Go! Go! - Sara! Go! "É lindo demais." Depois de um ano nos casamos. Não era uma paixão de momento ou uma experiência. Ambos estávamos certos do passo que tínhamos tomado e continuaríamos seguindo até o fim. "Não consigo parar de olhar no relógio. Estou perdendo o foco. Coração disparado, socorro."

"Relógio: 41 quilômetros e 900 metros."

"É agora, Sara! Dá o seu show. Momento de glória. Alcance a linha de chegada. É a hora do sprint. Será que vou conseguir? Respira fundo. Corre!" Penso no Nelo, em algum lugar, lá fora, me esperando... Me faz pensar no amor de uma maneira geral. Desde o afeto materno, paterno, dos avós, até o mais terno abraço de um amigo querido.

Quem tem a sorte de um amor tranquilo? Pois é. Poucos. - Sara! Sara! Corre! Imagino o Nelo gritando! Em meio aos gritos da multidão de torcedores. - Go! Go! Go! É maravilhoso! Levanto os braços.

A linha de chegada talvez seja só uma linha de chegada, mas em alguns momentos, pode ser que represente a linha de chegada de toda uma vida.

Quando destinos e emoções se cruzam, se misturam e se tornam um só. Esse ano foi testado o percurso da Olimpíada de Tóquio 2020. O caminho para o ponto de encontro era em um extenso parque com jardins de bonsais lindos, que só os japoneses sabem cultivar.

Faço esse percurso embriagada pelos meus pensamentos. É impressionante a sensação de solidão que sinto nesse momento, mas por dentro, alegria e emoção, o prazer da prova cumprida e do amor presente em minha vida.

Terceiro lugar: Maratona!

Segundo lugar: Saúde!

Primeiro lugar: Amor!

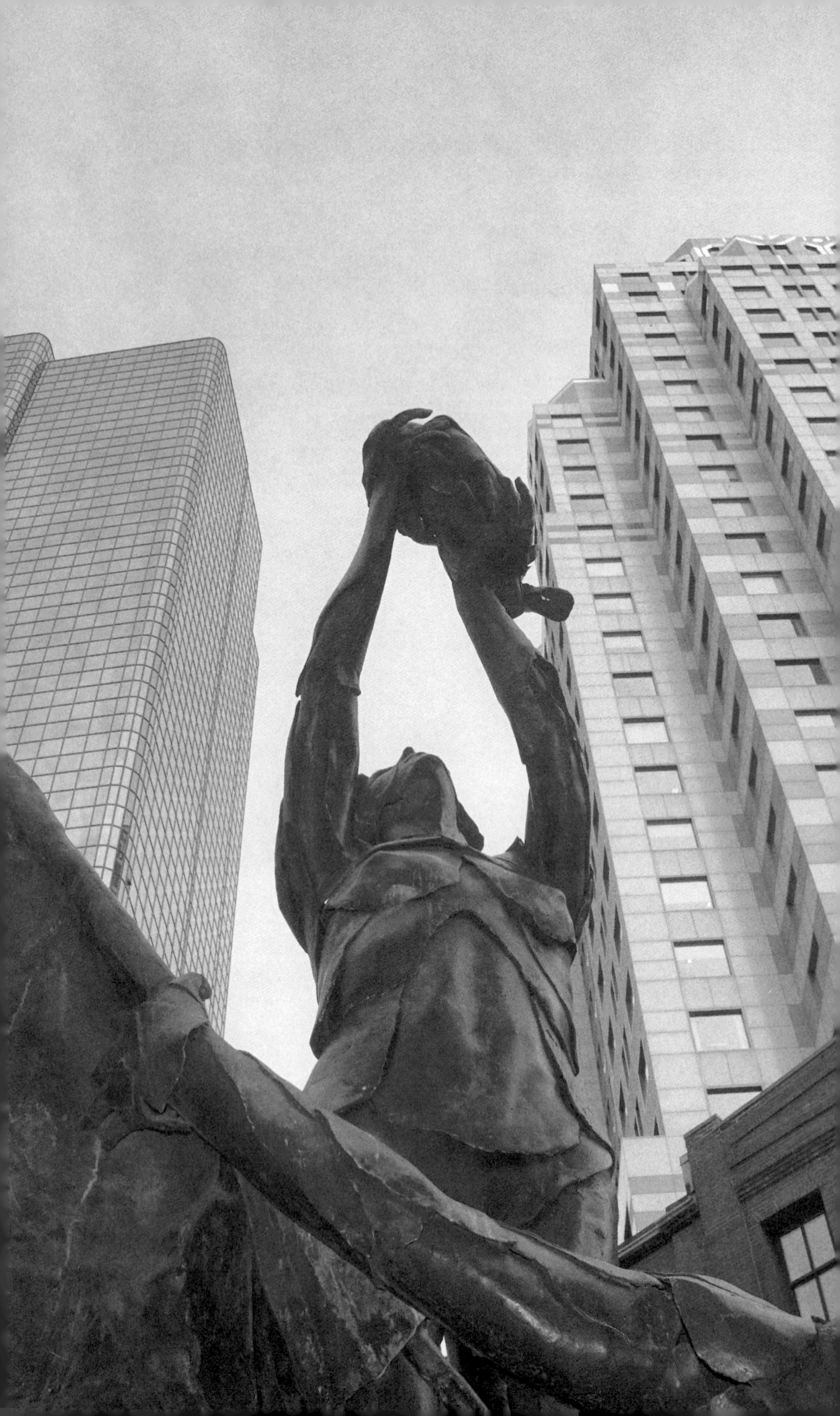

capítulo 3

Boston

"Bom mesmo é ir à luta com determinação, abraçar a vida com paixão, perder com classe e vencer com ousadia, porque o mundo pertence a quem se atreve e a vida é muito curta, para ser insignificante."
(Charlie Chaplin)

Maratona de Boston [2017]

Tempo de percurso: 4h53m18s

Se teve algo que a corrida trouxe a minha vida foi organização pessoal. Ninguém se torna e se mantém maratonista se não souber elaborar vários planejamentos e segui-los ao mesmo tempo: a curto, médio e longo prazo.

Correr envolve gerenciamento de várias áreas: alimentação, treino, horas de sono, dietas, rotinas saudáveis, inscrição na maratona, além de estratégias de viagens, que envolvem a cotação e compra de passagens aéreas, reservas de hotel e vários outros detalhes, organizando e encaixando o tempo de férias e da família ao das maratonas.

Para estar aqui hoje foram inúmeros planejamentos que chegam a durar um ano, além de um grande projeto de oito anos. Se até me tornar uma corredora eu já havia me desenvolvido a respeito de planejamento financeiro e profissional, como corredora, os planejamentos me proporcionaram maior aprendizado sobre como ter vários planos ao mesmo tempo, fazer com que eles funcionem simultaneamente e ainda possuir um plano B para cada um deles, em caso de imprevistos.

A trajetória de um maratonista ensina a gerenciar a dor, a perda, o tempo, treinos cansativos e doloridos dia-após-dia, o dizer não para uma comida inapropriada em vários momentos de desejo e tanto mais. O que eu ganho com isso? Força e equilíbrio numa negociação, resiliência num dia de trabalho ruim, certeza de que momentos melhores virão, quando passo por uma crise, perseverança para uma tarefa difícil, tolerância com pessoas inflexíveis e foco para planejamentos longos. Resiliência na vida.

Conquistar uma maratona não significa a corrida de um único dia, mas de centenas ou milhares de dias. Não envolve um projeto, uma estratégia e um planejamento, mas vários projetos, estratégias e planejamentos acontecendo ao mesmo tempo e se realizando um pouco a cada dia.

Com onze anos como corredora posso afirmar que meu desafio já dura pelo menos 4.015 dias. Bem mais do que os seis dias das seis maratonas descritas neste livro. São 4.015 dias me alimentando de forma balanceada, treinando quase que diariamente e trabalhando em detalhes todas as áreas da minha vida, para que tudo se encaixe.

Quando se aprende a viver com tantas regras, disciplina e esforço, não é um dia ruim ou uma dor qualquer que abalará a força de um maratonista. Não foi bom hoje? Amanhã será. Dói agora? Sigo assim mesmo. Estou cansada? Quando for a hora, descanso. Ninguém nasce com tamanha disciplina. Se aprende! Com insistência e equilíbrio.

Isto não significa que todos, que querem melhorar seus ideais de planejamento e disciplina, devem se tornar maratonistas. Não. Basta que se saia da zona de conforto, através de um desafio. Um projeto culinário para uma pessoa que não tem aptidão nenhuma na cozinha. Um curso de dança para reforçar a autoestima. Um curso de pintura para quem não nasceu com talento para a arte. Um projeto de corte e costura para quem nunca chegou perto de uma linha e agulha, e assim por diante.

Desafios nos tiram da zona de conforto e nos fazem trabalhar com experiências e sensações novas, positivas e negativas e que certamente levarão a muitos aprendizados. Um grande desafio não é realizado em pouco tempo e com pouco esforço. Quanto maior o desafio, maior será a nossa força perante a vida.

E quando se habitua a um desafio de longo prazo, logo se acostuma com outro. Os desafios deixam de ser assustadores. Foi o que aconteceu comigo em relação à minha casa. A compra de uma casa já velha, porém exatamente onde eu queria, me fez encarar uma reforma total, longa, cheia de detalhes e visitas frequentes durante os trajetos para os meus treinos, para suprir a necessidade de materiais, informações, opiniões e todo tipo de demandas que uma obra demorada exige.

Se por um lado, eu estava me preparando para Boston, por outro, o retorno da maratona significava uma mudança de endereço. Vivenciei esses dois longos projetos ao mesmo tempo e com muita alegria. Gratidão talvez não seja o suficiente para descrever a realização desses projetos exatamente ao mesmo tempo.

Foi o resultado de muito trabalho e esforço. E mesmo me preparando para a corrida, eu continuei gerenciando os últimos preparativos e pagamentos, para que no retorno ao Brasil pudéssemos seguir para o novo endereço. Foi difícil, mas um sonho realizado. E agora, rumo à quarta Six Majors.

Largada. Quilômetro zero.

"Ai, meu Deus, vamos lá Sara. Mais uma vez você se preparou

para isso. Seus treinos foram ótimos e sua forma física está acima da sua média. Os corredores costumam afirmar que a maratona de Boston é a mais difícil, será? A temperatura ao menos está boa. Até agora, nem frio, nem quente. Vamos ver. O desempenho costuma melhorar com o frio. Foco, Sara."

Boston atravessa oito cidades e vilas, sendo todo o percurso uma linha reta entre Hopkinton e Boston, precisamente Boylston Street. A corrida acontece numa única estrada e ela "sobe e desce" várias vezes. O tipo de altimetria é realmente pesado, devido às subidas e descidas constantes, mas se o trajeto fosse plano eu não me sentiria tão motivada. Pois acabo achando a corrida monótona. Para a minha auto motivação o "sobe e desce" me faz me sentir bem, com gás para o próximo morro.

Por incrível que pareça, me sinto muito entusiasmada desta maneira. Tenho um carinho especial por essa prova e se me perguntassem qual maratona correria novamente: Boston! Sem dúvida. "Que estrada bonita. bem menos claustrofóbica que Tóquio, toda aberta. Olha lá, o primeiro tapete e eu me sinto ótima. Viva."

"Relógio: 5 quilômetros."

"Adoro este momento, é como se fosse uma partezinha completada de cada etapa. Hora de tomar o gel. Água. Bebe. Levanta os braços. Ah que momento incrível. Foco, Sara. Concentração." Esta maratona representa muitos sonhos sendo realizados. A maratona em si, a reforma da casa finalizada após tantos problemas e a ida ao Canadá após a corrida. Planejamentos simultâneos. Nem sempre dá tudo certo, mas é errando que se aprende. Sempre.

Tivemos a oportunidade de conhecer a cidade nova e a antiga de Boston. Foram vários passeios e caminhadas. Tomamos um caldo de lagosta num quiosque perto do hotel que jamais vou esquecer. Simplesmente delicioso! E os cannoli? Mike's Pastry é uma vista obrigatória aos apreciadores da sobremesa italiana. É maravilhoso ter experiências como esta, ainda mais porque a noite estava fria.

Há pelo menos dois momentos históricos sobre a Maratona de Boston, sendo um muito bom e outro muito ruim. O ruim foi o atentado no ano de 2013, quando duas bombas feitas com panelas de pressão explodiram durante a corrida causando a morte de três pessoas e ferindo outras 264. As bombas explodiram com uma diferença de cerca de 12 segundos e estavam a 190 metros de distância uma da outra, perto da linha de chegada. Dois irmãos chechenos foram identificados como os responsáveis pelo ataque.

Equipes de resgate, transeuntes e participantes do evento correram para tentar ajudar os feridos. A maratona foi abruptamente interrompida. A polícia e os serviços de emergência desviaram os corredores restantes para longe da linha de chegada. Com tudo isso, muitos espectadores deixaram mochilas e outras sacolas caírem enquanto fugiam, exigindo que cada um deles fossem tratados como uma bomba em potencial.

Os organizadores da maratona seguinte, que seria em Londres revisaram a sua organização de segurança e partir de então, medidas de segurança foram reforçadas em todo o mundo em resposta às explosões em Boston. O número de policiais aumentou significativamente, bem como simulações, treinos, cães farejadores e revistas. "Eu me sinto segura. Quero me sentir assim e não pensar em coisas ruins. Preciso pensar em coisas boas".

"Relógio: 7 quilômetros."

"Viva. Nenhuma dor até agora, nem câimbra e nem banheiro. Primeira parte de 6 x 7. Foco, Sara, concentre-se." Vamos para a parte histórica boa da maratona de Boston. Kathrine Switzer é uma ex-maratonista alemã que entrou para a história por ser a primeira mulher a participar da Maratona de Boston, em 1967, ano em que eu nasci, numa época em que supostamente, apenas os homens podiam integrar quaisquer provas de rua no país.

Quando jovem, Kathrine conta que seu pai propôs a ela não ser líder de torcida na escola, como ela dizia que queria ser. Ela relata: "Meu pai me olhou nos olhos e disse: Você não quer ser uma cheerleader. Torcedores torcem por outras pessoas, você quer é que torçam por você. A vida é participar, não assistir".

Katherine correu entre os pouquíssimos participantes, na época, quando o diretor da prova Jock Semple a viu, ele tentou tirá-la a força da prova, como é possível verificar em vídeos e fotos na internet. "Quando me viram, os fotógrafos começaram a gritar "tem uma garota na corrida!" Eu não estava tentando me esconder de maneira nenhuma, pelo contrário, eu estava tão orgulhosa de mim mesma que usava até batom".

Após o episódio em Boston, no entanto o Jock nunca lhe pediu desculpas formais. Kathrine afirma não ter guardado rancor. Jock foi derrotado por um câncer em maio de 1988, e Kathrine foi uma

track.
MIZUNO
adidas
30174
7
2017 BOSTON
NATHAN
Hancock
John Hancock

das últimas pessoas a visitá-lo no hospital.

Por causa de sua participação inusitada em 1967, se oficializou, em 1972, a criação da categoria feminina na Maratona de Boston. Após isso o número de cobranças sobre o Comitê Olímpico para que a maratona olímpica tivesse a participação de mulheres aumentou, e, no ano de 1984, nos Jogos Olímpicos de Los Angeles, isso se concretizou.

Nos dias atuais o cenário é diferente, não ocorre uma diferença que divide o número de participantes homens e mulheres em uma maratona. Na Maratona de Boston de 2017, dos 26.481 participantes, 11.985 eram mulheres e 266 tinha 49 anos de idade.

Como atleta, Kathrine correu 35 maratonas, criou programas esportivos para mulheres em 27 países, viaja o mundo promovendo corridas e caminhadas femininas, escreveu o livro "Mulher de Maratona" e integra, desde 2011, o seleto grupo pertencente à calçada da fama das mulheres dos Estados Unidos.

Não é maravilhoso? Não é à toa que as mulheres estão se tornando cada vez mais fortes. Desde sempre tendo que lutar por direitos que deveriam ser óbvios, mas não são. Onde vamos parar? Tapete à vista. Hora do gel.

"Relógio: 10 quilômetros."

"Levanta os braços. Viva! Passa o tapete. Mais um gel, água, bebe. Se concentre. Vamos focar em pensamentos bons e positivos, Sara." Só de pensar que quando voltar, vou entrar com o Nelo em nossa casa nova, sinto que estou sonhando. Pensando em lar.

Aos 22 anos eu comprei meu primeiro apartamento de 40 metros quadrados em São Paulo. Meu primeiro lar. O Nelo morava a quatro quadras dele e não podíamos imaginar que anos depois nos conheceríamos e nos casaríamos. "Dá uma olhada no relógio, Sara."

"Relógio: 14 quilômetros."

"Segunda parte de 6 x 7. Excelente. Acho que nunca me senti tão bem numa maratona. Será mesmo por causa dos treinos? Ou a casa nova? Ok, sei que a casa tem um impacto muito positivo em mim, mas eu treinei para caramba. Eu mereço me sentir assim".

Essa casa simbolizava um presente do destino. Após a minha separação, desejei muito um lugar maior e mais aconchegante.

O meu apartamento parecia claustrofóbico, mesmo que eu o adorasse. Minha cunhada sete anos antes disse... "Calma, um dia essa casinha será colocada à venda e você irá morar aqui na nossa rua."
E foi assim que ela se tornou minha. Em uma corrida, contava meus projetos para uma amiga. "Está tudo certo! Já conquistei mais do que queria na vida, só me falta alguém para compartilhar tudo isso." Mais uma vez o destino me ouviria e poucos meses depois conheci meu marido. Olha lá, mais um tapete chegando. E eu nunca estive tão bem. Estou adorando a altimetria, esse sobe e desce que as pessoas não gostam muito e reclamam, eu adorei.

"Relógio: 15 quilômetros."

"Tapete. Levanto os braços, isso quase nunca muda. Só se estiver muito cansada, mas hoje eu me sinto perfeita, a própria Mulher Maravilha. Menos, Sara, menos, não se iluda, você sabe que depois dos 30 km o bicho pega... Banheiro, banheiro, eu vou ter que ir ao banheiro..., ok, vamos. Corre. Ali. Fila mais ou menos. Água, gel, bebe, isso. Volta. Corre! Foco! Mais uma subida. Força Sara."
Tem gente que vive a adolescência no tempo certo. Eu vivi um pouco mais tarde e não achei nem um pouco ruim. Embora tenha sido depois dos meus amigos, percebi que tinha lá suas vantagens ser assim. Afinal, eu me permiti a adolescência ao mesmo tempo em que já era independente.
Não tinha que sair escondida ou pedir dinheiro para os pais, nem mesmo me esconder por namorar alguém. Era a fome com a vontade de comer, tudo certo, por assim dizer. Naquele momento eu estava no segundo ano da Faculdade de Administração e já tinha um bom trabalho.
Mesmo saindo e me divertindo muito – eu adorava dançar com meus dois pés esquerdos – nunca perdi o limite da responsabilidade. Primeiro sempre o trabalho, estudo e depois o resto. Perdi a conta de quantos finais de semana e feriados fiquei trabalhando. Meus avós paternos, mesmo a distância conseguiam exercer uma influência muito importante nessa época. "Tapete à vista."

"Relógio: 20 quilômetros."

"Quase a metade. Feliz, feliz, feliz. Levanta os braços. Tapete, água, gel, bebe, isso! Terceira fase da corrida... Nunca me senti tão bem correndo como o dia de hoje! O que está acontecendo, Sara? Não sei, mas foque. Continue como está indo! Está dando certo, é o que importa. Aproveite a descida de agora. Que incrível."

Alguns anos antes, trabalhava em um consultório. Era um misto de secretária, motorista, office girl. E o que mais fosse necessário. Cuidava da agenda do meu chefe, levava seus filhos às aulas de inglês, frequentava as aula de ginástica. Enfrentava as filas do banco para pagar as contas. E a noite, seguia para a faculdade de Comunicação Social. Era uma jornada de cerca de dezoito horas, entre a hora que saía e voltava para casa.

Por circunstâncias da vida tranquei a faculdade deixando para sempre o curso de Comunicação Social. Se tinha algo que minha avó paterna havia me ensinado era a ter sonhos. E nesta fase eu compreendi que alguns sonhos talvez não viessem com a carreira de jornalista, mas sim com a de administradora de empresas. Eu agradeço a minha avó até hoje. "Mais uma subida, Sara."

"Relógio: 21 quilômetros."

"Viva, terceira parte de 6 x 7. Gel, água, bebe. O que importa são os seus pensamentos. Foco, resiliência, força, fé, gratidão". A conclusão do meu curso superior só aconteceu 15 anos depois, aos 35 anos. Entre restrição financeira, dissabores familiares e dedicação ao trabalho, muitas foram as razões que me obrigaram a postergar a minha formação.

Eu consegui um financiamento para superar a questão financeira e finalmente obter o meu certificado, que veio com outros obstáculos e esforços, através de equivalência de cursos e novos estudos que me prontifiquei a fazer. Foi um longo processo que afetou a minha vida em anos. Meu irmão dançou comigo a sonhada valsa do baile de formatura. Tem coisas que a gente supera. Tem outras que a gente deixa para lá. O meu bacharelado demorou, mas chegou.

"Relógio: 25 quilômetros."

"Ok. Água, gel, bebe e pronto!" Levanto meus braços com uma alegria absurda, nunca me senti tão bem. "Viva, você está indo muito bem. Foque no que estava pensando anteriormente, vejamos."

Quando optei pela mudança de curso voltei para o cursinho, para futuramente cursar Administração. Sempre trabalhando e

5:00:31

2017 BOSTON MARATHON | John Hancock

BOSTON

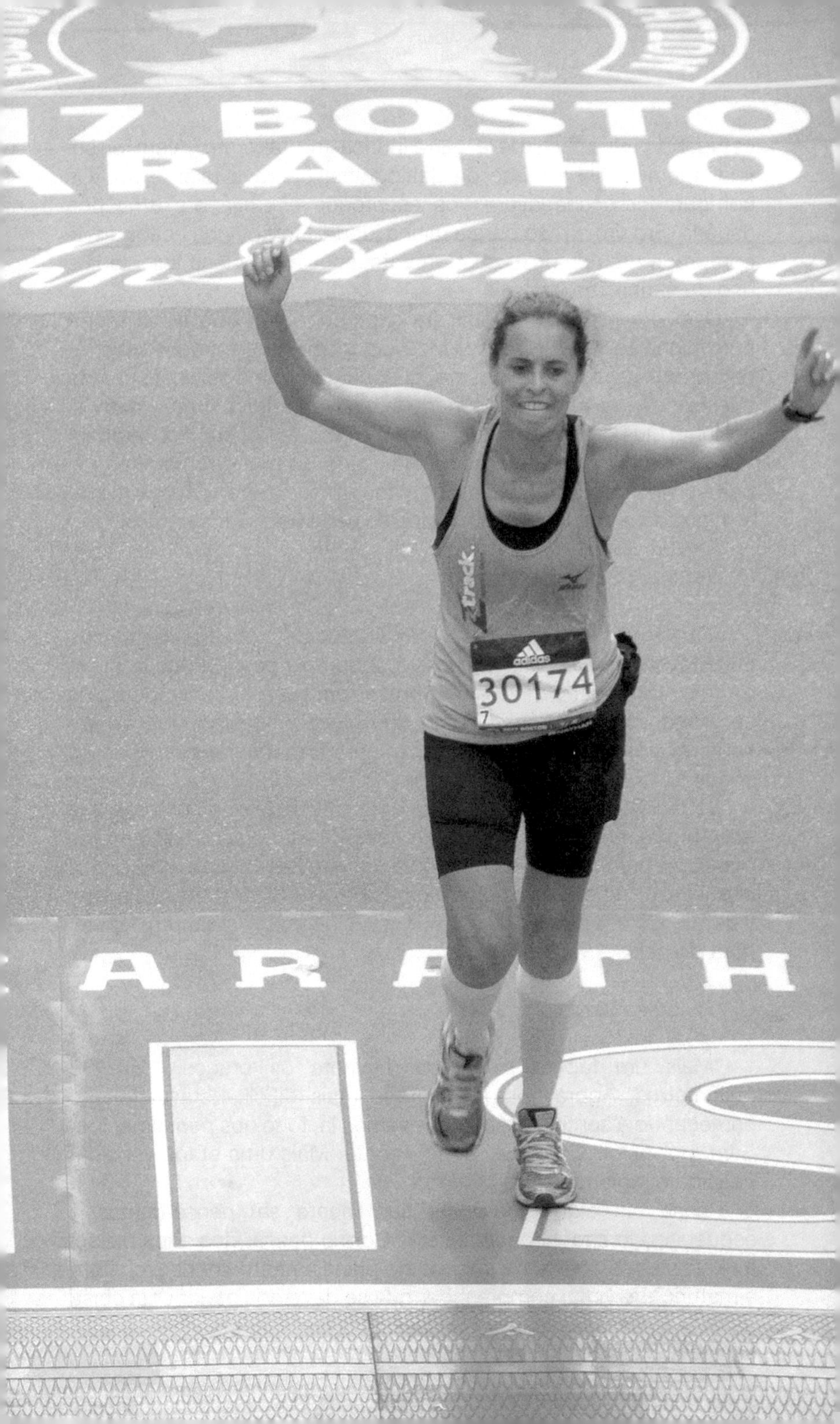

17 BOSTO
ARATHO
adidas
30174
track

estudando. Proatividade e garra nunca me faltaram. Além disso, falava inglês, tinha curso de datilografia, operava telex e fax. Os computadores chegavam nos escritórios e eu já era uma boa usuária. Era um arraso para a minha idade. Como tinha acabado de comprar o meu primeiro apartamento, estava em plena felicidade e uso da minha liberdade.

O melhor de tudo é que era a primeira vez que eu ia morar num lugar só meu. Meu lar. Meu lugar: minhas regras. Assumi o compromisso comigo mesma que não dormiria no sofá vendo televisão e as refeições seriam feitas sentada à mesa, mesmo sozinha. Que cuidaria da qualidade da minha alimentação. Também não queria ser a pessoa mais organizada do mundo, mas não me permiti ser bagunceira. De certa forma, tudo era razoavelmente organizado e equilibrado em todos os sentidos.

"Relógio: 28 quilômetros."

"Quarta parte de 6 x 7. Muito bom! Água, gel, bebe e pronto. Onde eu estava mesmo? Mantenha-se focada." Eu percebi que gostava da minha independência, tinha prazer em pagar minhas contas e ser dona do meu próprio nariz. Não havia uma preocupação em saber exatamente o que eu ia fazer no futuro, desde que pudesse seguir sempre assim: dona de mim.

Se em algum momento houve uma influência das compras que fazia no supermercado aos doze anos de idade sem calculadora, mas com precisão acima da média, eu não sei, mas tenho certeza absoluta de que os números começavam a fazer parte da minha vida ali. Eu me dava bem com eles. "Chegando mais um tapete, hora do gel."

"Relógio: 30 quilômetros."

"Mais um tapete eletrônico. Levanta os braços. Uau. 30 quilômetros. Agora começa a parte mais difícil. Estava mesmo começando a sentir o joelho, mas vamos lá, foco nos pensamentos, Sara, por favor. Água, gel, bebe. Pronto. Mais uma etapa vencida. Vencida e registrada.

Pense em algo para focar sua mente em pensamentos e esquecer o joelho. O que vai ser?" Com o passar dos anos passei a rever muitas coisas no sentido de planejamento financeiro. Com a maturidade vim a compreender que se devemos pagar uma coisa ou pessoa em primeiro lugar, este alguém é a gente mesmo.

Se eu me prontifico a guardar dez, cinquenta, cem ou mil reais por mês, esta transação é a primeira que eu devo fazer toda vez que recebo o meu salário. Tem gente que nunca vai à academia mesmo tendo pagado o plano anual, mas não deixa o personal trainer esperando por ser caro e por ter um compromisso com o outro. E qual o maior valor neste caso? O respeito comigo mesma ou com um profissional? Ou os dois?

É claro que devemos cumprir e honrar todos os nossos compromissos. E essa cultura se estende ao planejamento das finanças pessoais. Ao objetivo de se cumprir a vontade de guardar dinheiro para si mesmo.

Este deveria ser o maior compromisso de todos, quando alguém recebe o seu pagamento. Todos os meses. Isto muda todo um futuro, lá na frente. "Tapete chegando, meu Deus. O joelho dói."

"Relógio: 35 quilômetros."

"Felicidade. Levanta os braços. Mais uma vez, minha organização de etapas e da corrida se misturam: é o sétimo tapete. E a quinta parte de 6 x 7. Mais um gel. Água, gel, bebe, pronto. No que eu pensava?"

Cadê o treinador do Nelo, queria parar e saber notícias dele e aproveitaria para pegar um analgésico. Naquele ponto meu joelho começou a incomodar. Ali, corre! - Nelo já passou? - Ainda não, mas está vindo bem. Você está bem? Precisa de algo? - Sim... um analgésico por favor. Toma! Volta! Continue pensando, Sara. Esquece a dor! Vejamos." Sinto-me tão feliz.

Aquele homem parece estar sorrindo e falando comigo. - Smiling you make it seems so easy! E apenas alargo um pouco mais o meu sorriso. É tanta felicidade ao mesmo tempo! A casa nova, meu relacionamento, minha performance de agora. Gratidão é só no que consigo pensar.

Embora eu acredite que também devo tudo isso aos meus inúmeros planejamentos. Não posso tirar o mérito de meus esforços. Do céu só cai chuva e tempestade. "Mais um tapete chegando. Graças à Deus. Já nem me lembro do meu joelho."

"Relógio: 40 quilômetros."

"Água, gel, bebe. Ok. Banheiro? Nem pensar! Pensar? Quando

chega este momento da prova é tanta felicidade e emoção que eu sinto meu coração acelerado. Praticamente esqueço as dores, o cansaço, fome, sede, tudo que costuma me dar medo quando penso nas provas, durante os treinos.

Hoje não! Tirando a dor no joelho, me sinto espetacular. Como será que Kathrine se sentiu em sua primeira maratona de Boston? Ela fez em pouco mais de 4 horas. Que incrível, mesmo tendo sido agarrada por alguém. Ela disse que sentiu muita vergonha. Mas continuou. Já estou muito próxima da chegada. "E eu sonhando com a minha casa nova. Quanto falta?"

"Relógio: 40 quilômetros e 500 metros."

"Deu tudo certo até aqui! Calma, Sara, calma, são os metros finais. Concentre-se! Importante que o joelho parou de doer. Foco! Não preciso ir ao banheiro, graças à Deus."

"Relógio: 41 quilômetros."

"Falta muito pouco. Calma, Sara. Os gritos vindo das arquibancadas. - Go! Go! Go! - Sara! Go! Tão lindo. Foco, continue pensando! O caldo de lagosta estava ótimo. Quer enganar a quem, Sara? Você está perdendo o foco. Calma."

"Relógio: 41 quilômetros e 200 metros."

"Atenção, Sara, são os metros finais. Deu tudo certo até aqui. Concentre-se. Foco." A casa nova, a casa nova, a cada passo você está mais perto dela. Quantos tijolos, tinta, maçaneta, lâmpadas, portas, janelas, torneiras, pias, noites mal dormidas, visitas a obra, lojas, telhas, meu Deus, meu Deus, vai demorar para organizar a mudança toda..., mas vai valer a pena, a parte mais difícil você já fez. Mais de um ano de reforma."

"Relógio: 41 quilômetros e 500 metros."

- Go! Go! Go! Sara! Go! Música para meus ouvidos. Alimento para o meu corpo e alma. Eu estou me sentindo plena. Não tem dor e nem cansaço. Está quase na hora do sprint, Sara. Prepare-se. Está tudo bem, tudo bem. Apenas continue.

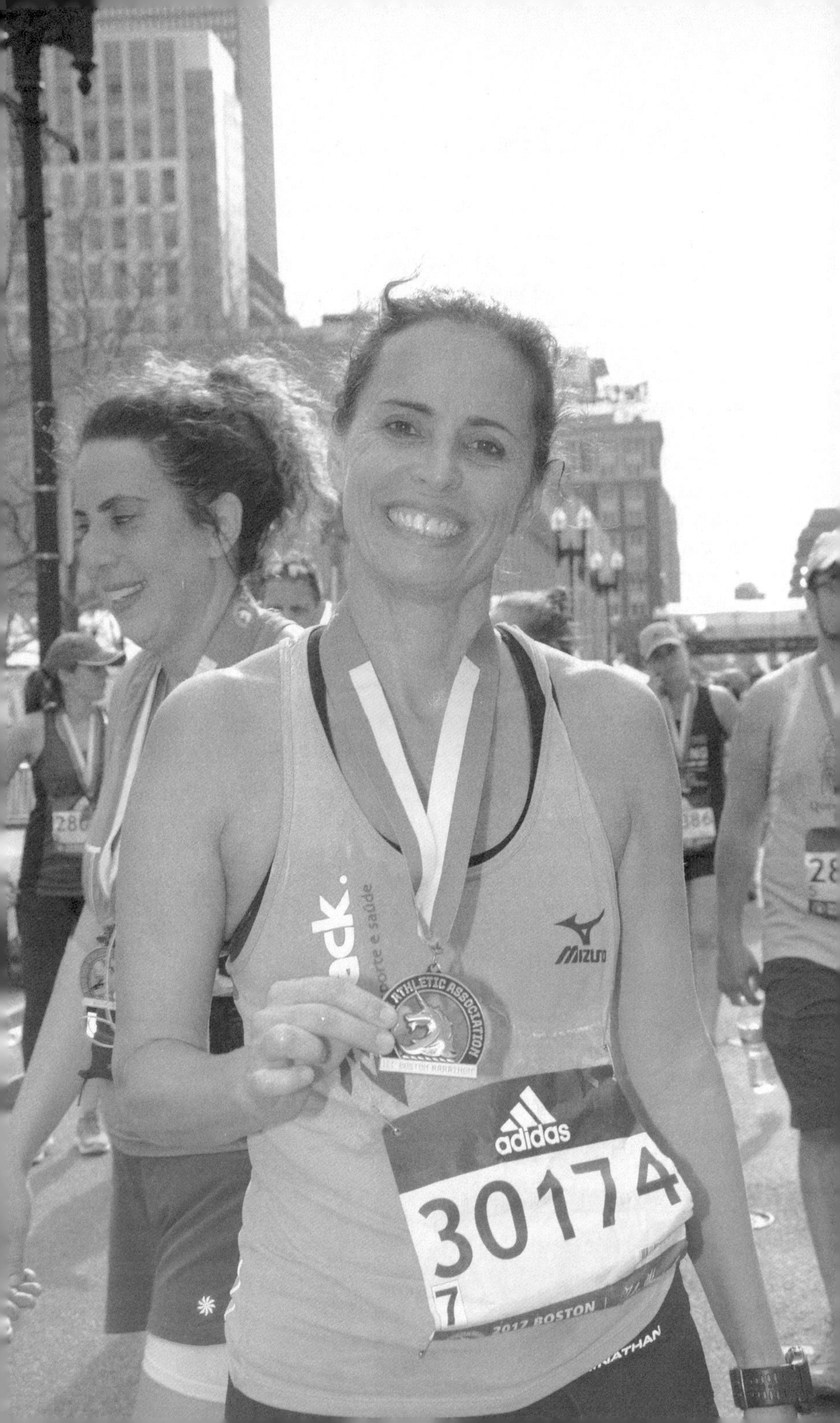
ATHLETIC ASSOCIATION
MIZUNO
adidas
30174
7
2017 BOSTON

"Relógio: 41 quilômetros e 900 metros."

"É a hora do sprint, Sara. Momento de glória. Alcance a linha de chegada. Será que vou conseguir? Corre! Corre! Corre! Respira fundo. Vai." Eu corro os 300 metros finais como talvez nunca tenha corrido antes. Eu nunca me senti tão bem numa corrida como hoje.

Sei que os planejamentos me proporcionaram este dia, este momento, esta performance e satisfação de saber que na volta, iremos para o novo lar, com todos os sonhos que projetamos, planejamos e trabalhamos, detalhe por detalhe, com muito amor e carinho.

Este momento é o resultado de vários planejamentos, trabalho, sonhos, cansaço, dores, vontade de comer brigadeiro, mas comer alface e tanto mais. "Cadê o Nelo?" Passo a linha de chegada com os braços levantados, ouvindo meu nome.

Recebo a minha medalha em seguida e caminho entre os espectadores, para aguardar o Nelo, que chega pouco tempo depois. Caminhamos conversando até o hotel, compartilhando alegria e uma porção de sonhos, que também são planejados a curto, médio e longo prazo. Tem sonho que a gente sonha sozinha e tem outros que a gente pode ter o privilégio de dividir com alguém. Neste momento, compartilho dois: a maratona e um novo lar.

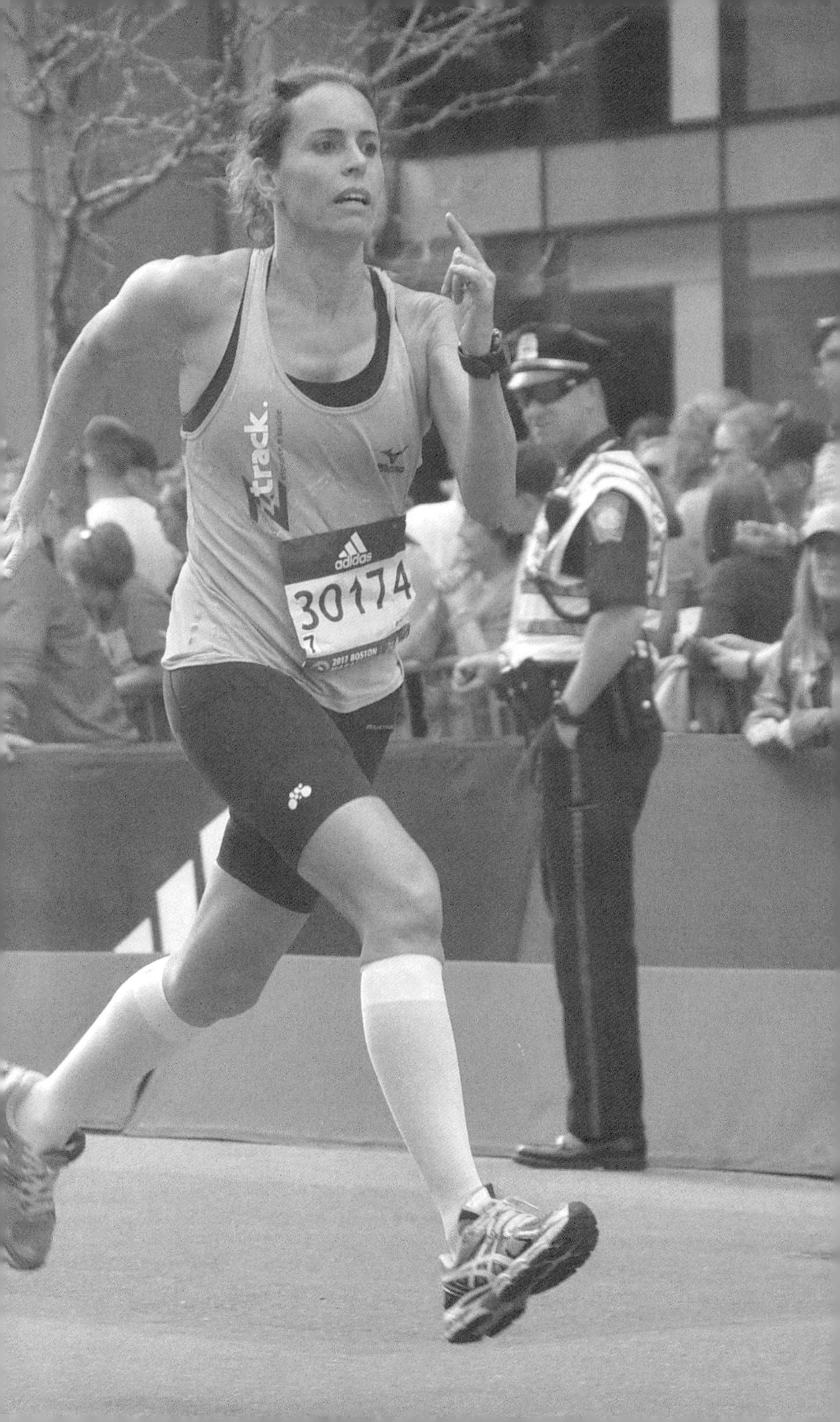
track.
adidas
30174
2017 BOSTON

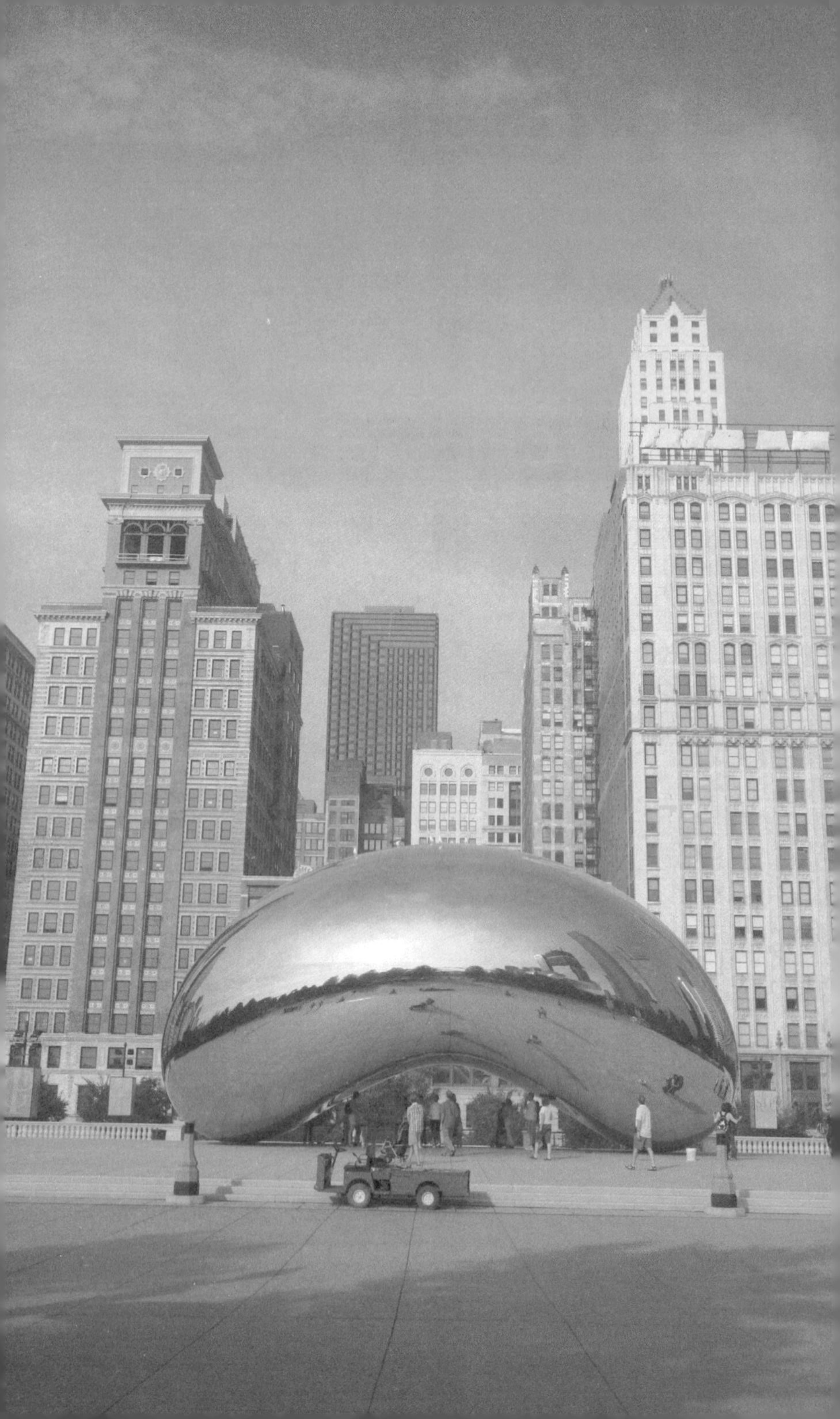

capítulo 4

Chicago

"Se você sonha e se permite sonhar, você pode fazer qualquer coisa."
(Clara Hughes, ciclista pelo Canadá)

Maratona de Chicago [2016]

Tempo de percurso: 4h50m10s

O meu desejo de participar da Maratona de Chicago tinha começado na linha de chegada da maratona de Nova York, quando finalizei a prova com o meu marido e juntos decidimos nos inscrever para o próximo sorteio. Lembro do dia quando nossos celulares apitaram juntos, num feriado em que a mega-sena estava acumulada e estávamos em casa. Nós nos surpreendemos com o toque ao mesmo tempo.

Eu peguei o celular e li as mensagens.
- Nelo, eu tenho uma boa e uma má notícia para você. Por onde você quer que eu comece?.
- Fala a má!
- Então, a gente não vai ganhar na mega sena hoje.
- E a boa?
- Nós dois fomos sorteados para a Maratona de Chicago.

A sorte estava do nosso lado. A alegria e satisfação também. Para o início dos meus treinamentos para esta maratona, tive a oportunidade de recomeçar os treinos com o meu antigo treinador e no mesmo parque ao que estava habituada, o que foi muito prazeroso. Minha terceira vez como maratonista na Six Majors.

Largada. Quilômetro zero.

"Mais uma largada. Vamos lá Sara. Você se preparou para isso. Como sempre: gel, água, bebe. Terceira maratona. É isso aí. Estou ficando experiente. Em que você vai focar seus pensamentos hoje? Trabalho, carreira?

Bom, eu não costumo pensar muito no trabalho quando estou correndo e de férias, mas é um lado muito positivo da minha vida, cheio de aprendizados. Por que não? Vamos lá." Quando a gente vê alguém de sucesso, muitas vezes imagina uma carreira linear, sempre na mesma área, sem grandes mudanças e com muitos desafios.

Desafios eu sempre tive, desde criança, mas muitos foram os passos que eu dei até iniciar de fato o que se pensa de uma carreira linear. E eu comecei cedo. "Me sinto bem."

"Relógio: 1 quilômetro."

Por que você está olhando no relógio agora, Sara? Peraí, ai meu Deus! O que é isso? 4 quilômetros? Como assim? Claro que não. Eu acabei de começar. Os prédios daqui são altos demais e causam interferência no GPS. Hora de começar a calcular quantos quilômetros o relógio computou a mais. É a maratona da matemática. Onde já se viu? Vamos embora." "Olha lá, primeiro tapete."

"Relógio: 5 quilômetros."

"Ufa, relógio funcionando. Cinco quilômetros. Parabéns, meu querido companheiro. O que mais? Sinto-se bem, meu corpo está ótimo. De novo aquela sensação de Mulher-Maravilha. Ainda bem que tem a maturidade para fincar meus pés no chão. É como se fosse o coração brigando com a razão.

A emoção me faz acreditar que sou invencível, aí vem a razão me lembrar que depois dos 30 quilômetros eu já estarei cansada e com dores nas pernas e nos joelhos. Fato. Hora de tomar o gel. Água. Bebe. Levanta os braços. Ah, que momento incrível.

No que você estava pensando mesmo? Foco em bons pensamentos! Nada de negativo, por favor." A minha madrasta me deu meu primeiro emprego, aos treze anos. Ela, médica ginecologista, tinha seu consultório no fundo da casa onde morávamos. Eu era responsável por atender ao telefone, marcar consultas e recepcionar as pacientes. Ainda, levava o relatório de atendimento ao escritório do convênio médico para pagamento.

Pela primeira vez, tive a oportunidade de aprender um trabalho administrativo e receber pagamento. Eu achava o máximo ter o meu próprio salário, mesmo que não fosse muita coisa, mas era meu. Isso foi só o começo. Naquele mesmo ano já arrumei um trabalho temporário na época de Natal, fazia "baby-sitter", aulas particulares e não parei mais. E lá atrás já se iniciava a minha vida como alguém que gostava de planejar, ao menos o próprio dinheiro. "Checando a quilometragem, Sara, por favor, atenção, não se perca."

"Relógio: 7 quilômetros."

"Primeira parte de 6 x 7. Relógio funcionando direitinho. Nossa, parece que o tempo está passando rápido. Que ótimo. Checagem.

Nenhuma dor até agora, nem câimbra e nem banheiro! Foco, Sara, concentre-se. No que você pensava? Esses pensamentos ajudam você. Curta o momento, força e foco."

Era comum que em todo fim de ano eu trabalhasse em empregos temporários de natal, exceto pelo ano quando perdi o Serge. Um dos momentos mais tristes da minha vida.

"Melhor não pensar nisso agora, senão eu travo." Nem sempre eu gastei o dinheiro que ganhava com viagens. Esse privilégio eu só tive bem mais tarde. Graças à Deus. A vida não era muito fácil naquela época. "O segundo tapete chegando."

"Relógio: 10 quilômetros."

"Uau. Segundo tapete. Água, gel, bebe. Você está indo bem, Sara. O relógio também. Nossa, adorei o Acme Hotel de Chicago, muito diferente da maioria. Eu diria que é um hotel boutique, alternativo, cheio de detalhes, moderno, tem um beijo no espelho do banheiro, decoração jovem. Diferente. E o pãozinho quentinho com café à porta do quarto logo cedo era sensacional.

Uma coisa legal da maratona de Chicago é que a largada e a chegada são no mesmo lugar. Então, em ambos os momentos estaremos próximos, já que a largada e chegada ficam perto do hotel. Sensacional este detalhe. Para quem corre faz diferença.

Também gostei da comida aqui. O Nelo sempre se esmera em encontrar lugares diferentes para gente comer e conhecer. É muito bom isto. Ao lado do nosso hotel estava um dos mais antigos restaurantes que servem a famosa pizza de Chicago. "Ai meu Deus, assim eu posso ficar com fome. Chega, Sara. Pense em outras coisas, positivas e motivadoras. O que você estava pensando antes? Faça um esforço. Hummm... Lembrei."

Aos dezoito anos, fui sozinha a um posto da prefeitura emitir minha primeira carteira de trabalho. O passo seguinte foi buscar trabalhos formais: auxiliar de escola de educação infantil, indicada por uma tia "de coração". Ainda muito distante da área que eu ia me fixar, mas conseguia trabalhar pela manhã e frequentar o cursinho à tarde. Eu adorava as crianças, mas quando entrei na faculdade, o meu salário não seria suficiente para cobrir os gastos com a mensalidade e precisei rever meus planos.

Assim eu fui aos poucos aprendendo a organizar a minha vida. Nesta época, eu também trazia este conhecimento para a minha vida pessoal, o que me permitiu melhorar muito as minhas economias e o estilo de vida que posso ter hoje. Graças ao passado, o presente pôde se tornar bom e confortável.

Mais tarde, já na área financeira, eu tive uma funcionária que me dizia assim: "Se está sobrando na conta hoje, a gente guarda na aplicação porque amanhã é outro dia. Aí a gente vê o que faz". Repetia meus ensinamentos. "Checando meu tempo. Está ficando bem automático, é como se meu próprio corpo já soubesse a hora exata de checar os quilômetros. É incrível."

"Relógio: 14 quilômetros."

"Segunda parte de 6 x 7. Checando o relógio. 14 quilômetros. Perfeito. Excelente." A temperatura está boa, meu corpo está indo bem, tudo normal até o momento. É a minha primeira vez em Chicago. Do Nelo também.

A gente passeou bastante e caminhamos muito, mas é maravilhoso estar com ele num lugar desconhecido para ambos. Tudo vira novidade e interessante. É muito bom. Chicago é conhecida por sua arquitetura, que tem prédios enormes, antigos e modernos, num contraste que parece ter sido feito sob medida, pois se torna lindo.

Alguns prédios espelhados refletem o sol e o rio é lindíssimo. Além de ser possível ver um prédio refletido no outro. O lado ruim de alguns prédios serem tão altos é que o gps se perde durante a prova, interferências, fazer o que? Pelo menos o corpo já sabe bem as paradas mentais que eu faço. Eu me senti grata de poder influenciar alguns lá atrás com pequenos conhecimentos, hábitos e atitudes que a longo ou médio prazo impactam em toda uma vida. "Lá vem mais um tapete. Terceiro."

"Relógio: 15 quilômetros."

"Água, gel, bebe, pronto. Foco, Sara, por favor. Levanto os braços com alegria indescritível. Escuto os gritos que eu adoro. - Sara! Sara! Go! Go! Go! No que você pensava antes? Chicago, hotel, Nelo?"

Eu me sinto satisfeita com o meu trabalho. Admiro a minha equipe e tive que aprender com os anos a trabalhar em time, gerenciar, planejar, cumprir metas e enfrentar as dificuldades do mundo corporativo, como qualquer pessoa. O mundo e a vida não são um mar de flores.

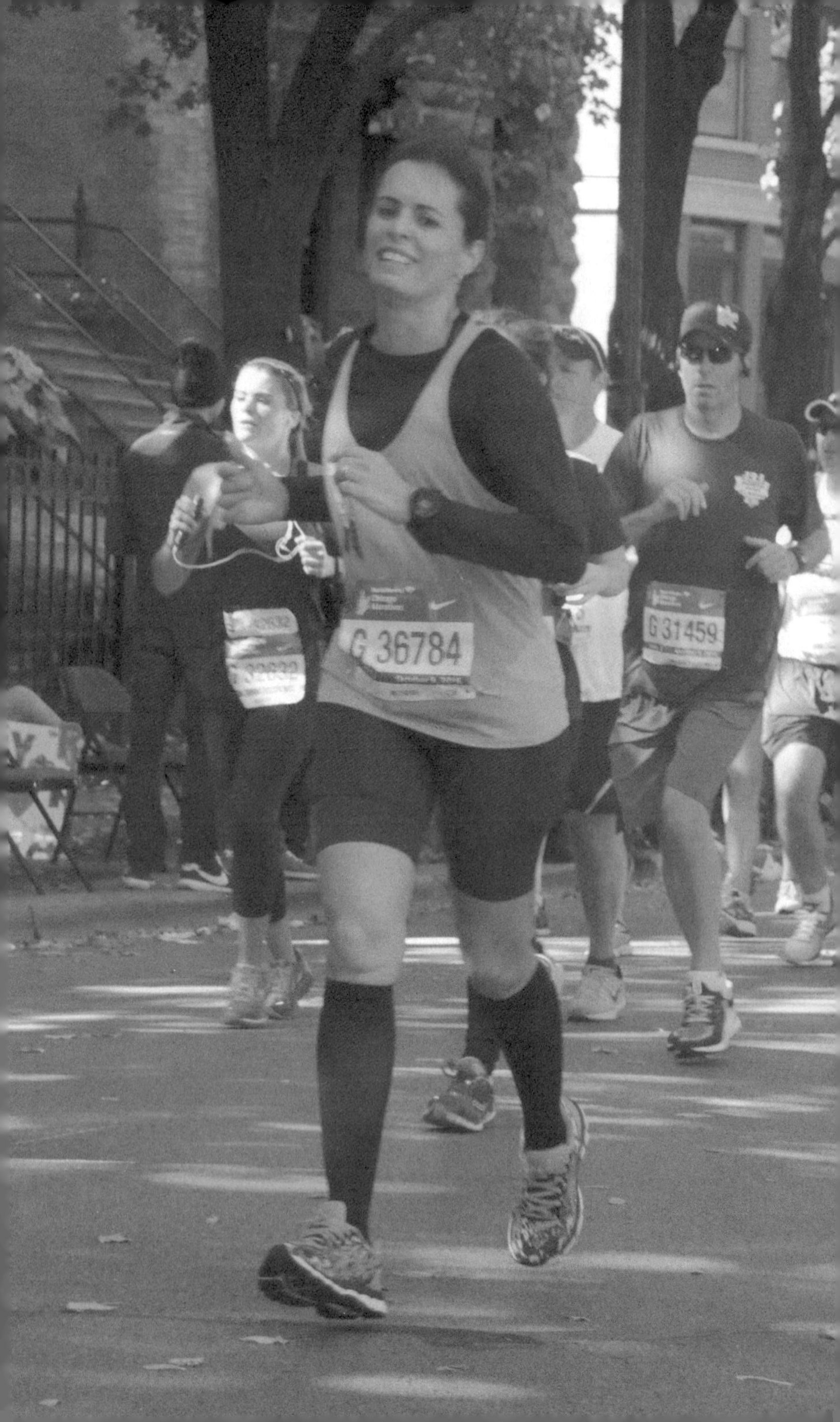
G 36784
G 31459

Tem pessoas que não gostam de gente, às vezes é difícil convencer alguém da necessidade de mudança, de planos que eu mesma sou obrigada a executar. Enfrentei e ainda enfrento minhas dificuldades no dia-a-dia, mas a maratona e todos os planejamentos necessários para este desafio de anos, me ajudaram a me tornar uma profissional melhor.

Além disso, aprendi a aceitar melhor as intempéries e as diferenças. A resiliência da corrida, da alimentação, dos treinos e das dores, também me fortaleceram profissionalmente. Não fico chateada com um dia ruim, uma reunião mal sucedida ou uma negociação inflexível. Tudo passa de maneira mais leve. E quando não foi leve é porque eu não estava correndo e me afastei dos treinos. A vida fica mais leve. Igual a minha chegada no tapete agora. A gente simplesmente aprende a curtir. "Tapete chegando."

"Relógio: 20 quilômetros."

"Checa o relógio, Sara. Tudo bem, está certo. Ufa, ainda bem. Quase a metade agora. Levanta os braços. Tapete, água, gel, bebe. Terceira fase da corrida. Continue. Foco em seus pensamentos. Você está indo bem. No que você estava pensando mesmo? Olha essa parte, que diferente. Uma região mais residencial e não tem quase ninguém na torcida. Que silêncio. Eu prefiro com os espectadores."

E pensar que aqui em Chicago, em 2007, a maratona foi interrompida pela primeira vez na história, devido a alta temperatura. Um atleta, de 35 anos passou mal no quilômetro 19 e foi declarado morto ao chegar ao hospital. Além dele, outros 150 atletas foram hospitalizados e cerca de 300 precisaram de atendimento médico. Dos 35.867 que largaram, quase onze mil não completaram a prova.

Por essa razão, a Maratona de Chicago tem um sistema de alerta de condições climáticas e situação do percurso. Há sinais com cores verde, amarelo, vermelho e preto durante toda a prova. Os corredores têm de ficar atentos a isso, pois se for levantada a bandeira preta, a prova será interrompida e é cancelada definitivamente.

Eu mesma nunca corri nenhuma prova de longa distância com muito calor. E prefiro assim, já que no Brasil treino com calor, quando venho correr e está frio, meu rendimento é melhor. Deve ser por isso, que as maratonas são sempre no Outono ou na Primavera, três em cada estação. Para que os corredores nunca

sejam obrigados a enfrentar os extremos do verão e do inverno.
Faz bastante sentido. Seria um sofrimento desnecessário. Ainda mais para aqueles que correm mais de uma maratona por ano. Minha média e meta sem sido uma corrida por ano e está dentro do recomendado, que é de uma a duas por ano. Mas sim, tem gente que corre mais do que isso, mas é um desgaste físico grande. "Nossa, mais um tapete. E parece que eu não foquei em nada direito."

"Relógio: 25 quilômetros."

"Quinto tapete. Relógio perfeito. Graças à Deus. Água, gel, bebe e pronto." Levanto meus braços. Nenhuma parada para banheiro até agora e nem vontade. Viva! Sara, você está indo muito bem. Sem caminhadas. Está incrível. Me sinto ótima. Continue, Sara, simplesmente continue."

Chicago tem uma prova mais plana e isto está favorecendo a minha corrida e desempenho. Não são apenas prédios e paisagens bonitas. A estrutura da corrida é muito boa para os corredores. Para quem corre, tudo faz diferença: temperatura, altimetria, funcionamento do relógio, gel, água, banheiro, é tudo muito calculado e planejado.

Eu mesma uso vários aplicativos para meus treinos e auto desafios. O aplicativo do relógio, por exemplo, me permite analisar os meus treinos, considerando todas as distâncias percorridas, velocidades, tempo, desempenho e até mesmo os tênis que eu uso.

Cadastro o tênis com um nome no aplicativo e com isso todos os tênis que eu uso para correr tem uma quilometragem, como se fosse um carro ou uma bicicleta. Costumo trocá-los a cada 500 quilômetros. Em resumo, uma média de três tênis por ano. Meus tênis não se aposentam, pois apesar de não serem mais adequados para as minhas longas corridas, ainda podem seguir por um bom tempo e por isso tenho hábito de doá-los.

Os aplicativos são fantásticos. Há outro que me permite o desafio anual, ele me dá 1000 quilômetros, acrescidos do ano, como desafio para correr durante o ano todo. Este ano já completei meu objetivo de 1019 quilômetros. Outro me desafia a correr diferentes quilometragens por dia e assim por diante.

Eu acredito que tenho todo tipo de aplicativo de corrida instalado em meu celular. E assim vou cumprindo várias metas e desafios. Faço até caridade doando os quilômetros percorridos por um dos aplicativos. Me sinto motivada desta maneira. "Foco, Sara, foco... quantos quilômetros?"

"Relógio: 28 quilômetros."

"Checando o relógio. Ok, funcionando. Quarta parte de 6 x 7. Água, gel, bebe e pronto. Muito bom. Mantenha-se focada. Onde eu estava mesmo?" Chicago? Estou adorando esta cidade e o Nelo também. Chicago é uma cidade linda. O passeio de barco pelos canais é imperdível.

No Brasil, eu assisti toda a série E.R.(Plantão Médico) que se passa em Chicago. Os médicos da série sempre iam e voltavam do trabalho pelo famoso LOOP, uma parte do metrô aéreo da parte central da cidade que faz um "laço" antes de ir para os bairros.

Foi um dos nossos primeiros passeios. A TV tem o poder de causar vislumbre sobre o ser humano. Foi uma emoção incrível chegar lá pela primeira vez, mas ter a sensação de intimidade com o lugar.

É indescritível o que se sente. Fomos a um show do guitarrista e cantor norte-americano de blues e rock, Buddy Guy, em um pub da cidade em plena segunda feira e trouxemos um CD autografado. O Nelo ficou tão emocionado que entregou uma nota de cem dólares para comprar o CD e se esqueceu de pegar o troco. Chicago também é blues. "Tapete à vista."

"Relógio: 30 quilômetros."

"Mais uma etapa vencida. A partir daqui é a hora mais delicada. Água, gel, bebe e pronto. Até o momento, nenhuma dor. Levanta os braços. Relógio funcionando. Mais uma etapa vencida. O que vai ser agora? Pense, Sara, pense. Foco." Eu devo pensar em coisas boas, mas não sou de ferro.

A vida não é assim. Os momentos da maratona são de muita emoção, me despertam sentimentos e memórias do passado, que nem sempre foram bonitos e positivos, mas emocionantes de outras maneiras: perdas e tristeza também fazem parte da minha vida, da minha história.

Ás vezes eu penso no Serge, meu primo, minha primeira referência de carinho, amizade, cumplicidade, alegria e risos dentro de uma casa. Com ele a vida era leve, tudo era especial e diferente. Com todas as andanças que já havia feito na vida, até a falta de cuidado e carinho, eu finalmente havia encontrado em meu primo uma espécie de lar. E por isso mesmo eu ainda sinto tudo o que aconteceu naquele dia.

Naquele dia, eu me sentia cansada e com um pouco de preguiça de ir ao cursinho. Mesmo assim eu fui. Me arrastando, mas cumpri minha obrigação. Na volta, estava acostumada com o meu primo me observando pela janela, sempre me acompanhando com os olhos, para ter certeza de que viria bem do ponto de ônibus até sua casa, tarde da noite. Mas naquela noite não. Ele não estava lá e havia sido a primeira vez. "Mas como assim? Isto nunca aconteceu antes", pensei. "Calma, mais um tapete chegando."

"Relógio: 35 quilômetros."

"Viva! Relógio funcionando perfeitamente, apesar dos prédios. Perfeito. Ok, água, gel, bebe. Pronto. Onde estava o meu foco? Ah sim. Não é um pensamento positivo, mas absolutamente verdadeiro."

Continuando. Naquele dia... Olhei para a frente do prédio e havia muitas pessoas, carros de polícia, luzes piscando. Corpo de Bombeiros? Ambulância? Minha melhor amiga, da época, que também morava no prédio, me chamou para subir com ela em seu apartamento. No elevador eu estranhei a situação e questionei:

- O que aconteceu?
- Sabe, aconteceu uma coisa muito ruim, Sara.
- Mas o que que aconteceu?
- Seu primo, Serge...
- O que tem o Serge?
- Ele... ele... se matou.

Meu corpo se recostou na parede e caiu lentamente sobre o chão. "Isto não é verdade, isto só acontece em cinema. Você está enganada." Em seguida, minha avó chegou e me levaram para a sua casa.

Pela primeira vez na vida tomei um calmante para lidar com uma situação extrema de perda e tristeza. A minha perda não havia sido apenas de um primo e amigo, mas da primeira pessoa que havia me mostrado a alegria dentro de um lar. "Mais um tapete. Reta final."

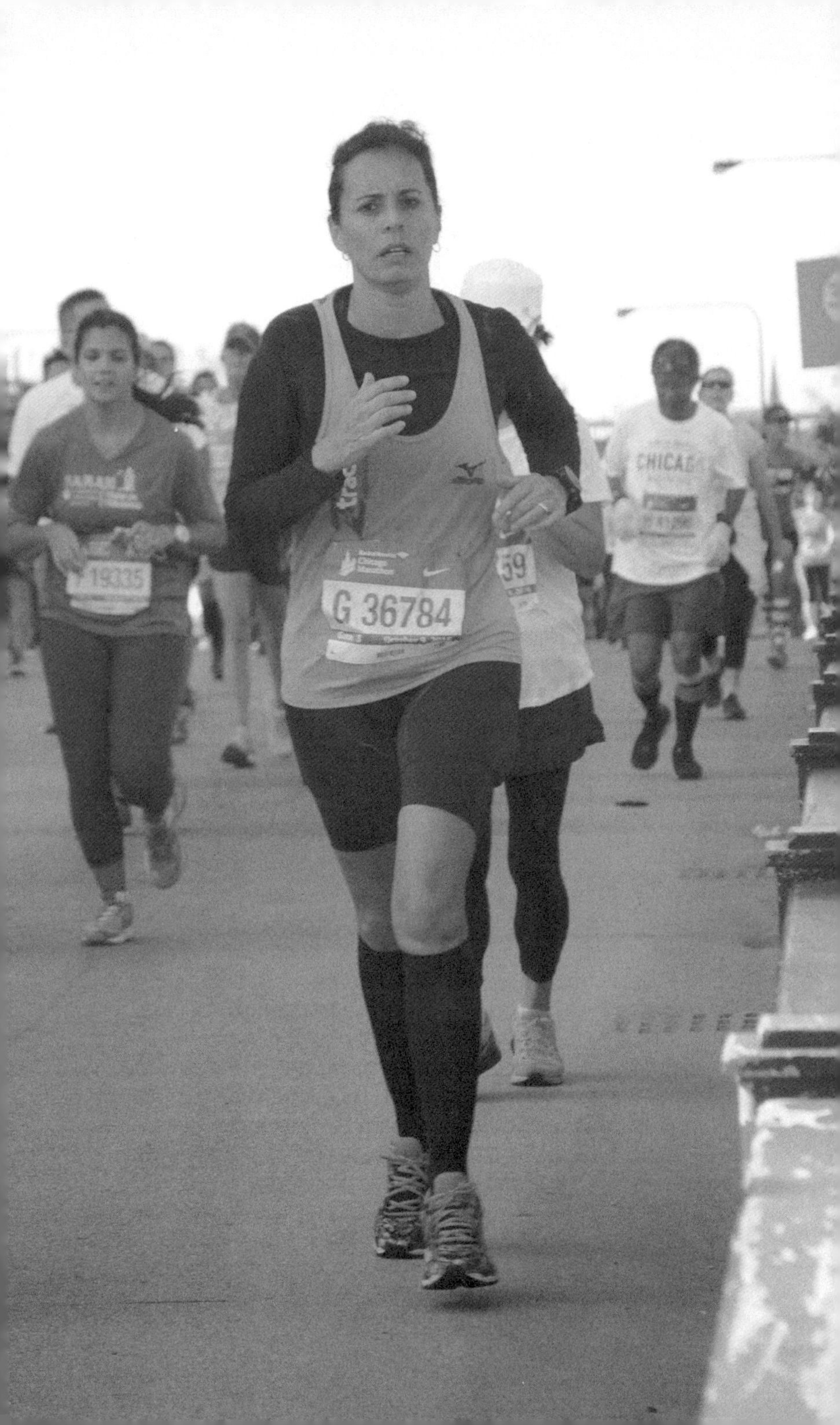
G 36784
19335

"Relógio: 40 quilômetros."

"Limpe essas lágrimas, Sara. Mesmo que ninguém veja, por causa do suor. Isso atrapalha a sua visão. Gel, gel, gel. Água, gel, bebe. Tudo certo. Relógio ok. Metros finais. Concentre-se. Calma. Não preciso de banheiro. Foco."

Continuando. Eu nunca mais morei com meus tios. A dor era enorme para todos nós e cada um precisava lidar com as suas cicatrizes. Eles não podiam mais ficar comigo. Me mudei para São Paulo, deixando para trás todos os vínculos que havia criado, familiares, escola e amigos.

Foi uma ruptura que ainda me surpreende, como um enorme vazio que ficou guardado dentro de mim. Com tamanha dor, não passei em nenhum dos vestibulares que tinha me planejado para fazer em seguida. Na verdade, até os dias de hoje, fazer qualquer prova se tornou difícil. Um simples teste pode me paralisar...

Até hoje eu me pergunto como ele estaria se estivesse aqui. Quem ele seria? Teria seguido músico? Me faria rir como fazia quando escovávamos os dentes? Que saudades eu ainda sinto. Mas naquela época, mesmo na tenra idade dos seus treze anos não se compreendia e se decidiu pelo caminho do fim. Fim que deixou uma dor latente e viva.

Mais um tapete. Choro essa dor, mas sinto que é uma ferida que tenho que visitar de vez em quando. Eu aceito as minhas dores. Elas moram em mim. São poucas, mas as trato bem. "Quanto?"

"Relógio: 40 quilômetros e 500 metros."

Nenhuma dor. Nenhum banheiro. É fantástico! Relógio em ordem. Calma, Sara, são os metros finais. Concentre-se! No que você pensava?" O medo se tornou um companheiro durante muito tempo após a morte precoce do Serge e de forma tão triste.

A cidade de São Paulo me assustava, morar na casa de meu pai, sair na rua, tudo havia se tornado assustador. Nunca falei sobre isso, mas as pessoas notavam. Foram tempos muito difíceis. Vivia dentro de um casulo. Foram alguns anos assim. O medo e as dores se tornaram meus companheiros. "Olha o relógio."

"Relógio: 41 quilômetros."

"Ok, quase lá. Relógio perfeito. Água? Não! Que saudades do

Serge... Será que ele correria comigo? Sentiria orgulho de mim? Por que você se foi, Serge? Por quê? Eu nunca entendi. Aceitei, mas não entendi. Ai, meu Deus. Sara, não pense no Serge, é melhor assim. Ok. Continue."

"Relógio: 41 quilômetros e 200 metros."

"Uau, Sara! Calma, metros finais. Deu tudo certo até aqui! Concentre-se! Foco! Corra. Run. Go! Go! Go! E o Nelo?"

"Relógio. 41 quilômetros e 500 metros."

"Falta pouco. Eu estou muito bem, absolutamente bem. Calma, Sara! Cuidado, não se empolgue tanto. Nada pode dar errado. Gritos das arquibancadas. - Go! Go! Go! - Sara! Go! É lindo. Quase na hora."

"Relógio: 41 quilômetros e 900 metros."

"É a hora do sprint, Sara. Momento mais esperado da prova. Ou será a medalha? São tantas emoções, tantos flashes. Respira fundo. Corre! Corre! Corre! Vai! Você já conseguiu." Corro os 300 metros finais com alegria e força indescritível. Encontro o Nelo um tempo depois e celebramos mais uma maratona. Esta viagem certamente ficará em nossa história.

E na minha de várias outras maneiras. Creio, que pela primeira vez, terminei uma maratona pensando na perda do meu primo, o Serge. Apesar da tristeza, senti que ele estaria aqui, se estivesse vivo. De alguma forma, senti que ele estava mesmo comigo.

No fundo, acredito que todas as pessoas que amamos um dia, passam a fazer parte de nossos momentos, devido à gratidão que carregamos por elas. Sou grata a todos que passaram pela minha vida, mas me sinto ainda mais feliz em relação aos que nunca deixaram de fazer parte.

Quanto mais o tempo passa e a vida reforça o quanto ela é breve, mais valorosos se tornam os amigos de sempre. Os poucos que conhecemos na infância, na adolescência, no trabalho, alguns que estão em outra cidade e até mesmo que já se foram.

Tem gente que nos presenteia para sempre sua energia, seu amor, sua presença. Tem gente que deixa marcas que latejam em nossa alma.

Chicago Marathon
Finisher 2016
Bank of America
Chicago Marathon
Bank of America
Chicago Marathon
G 36784
Gate 3

Por isso eu terminei a corrida pensando no Serge e senti que ele estava do meu lado, correndo comigo. Esse tipo de amor é o verdadeiro. O que dá sem pensar em receber. O que diz obrigado num simples pensamento e provoca uma respiração profunda, um suspiro, um leve sorriso. O que nos proporciona vida, felicidade e motivação. Razão de viver e continuar em frente. Sempre.

TURN
TO CLEAR
VISION

U.S. Manufactured
and Distributed by
THE TOWER OPTICAL COMPANY, INC.
P.O. Box 251
South Norwalk, CT 06855

QUAR

50¢

TO OPER
TURN
HANDLE
ONE
FULL
TURN

capítulo 5

Nova York

"Odiei cada minuto de treinamento, mas não parava de repetir a mim mesmo: 'não desista, sofra agora para viver o resto de sua vida como campeão'".
(Muhammad Ali, boxeador pelos Estados Unidos da América)

Maratona de Nova York [2015]

Tempo de percurso: 5h49m46s

Sobre a maratona de Nova York há um ponto muito diferenciado e especial para mim: eu treinei sozinha. Eu já tinha conhecido o Nelo e foi ele quem me convenceu a voltar a correr as maratonas, depois de ter dito a mim mesma que não correria novamente, após a minha primeira prova em Berlim.

Pratiquei ciclismo durante dois anos entre a primeira maratona e esta em Nova York. Me inscrevi para o sorteio da maratona de Nova York sem nenhuma expectativa, já que havia me inscrito outras vezes e jamais tenha sido sorteada. E desta vez fui. Em todos os sentidos possíveis.

A cidade de Nova York não seria novidade para mim, mas o olhar e a perspectiva que me trouxeram até aqui sim. Novos desafios. Novas percepções. Na companhia de um amor. Será que pode ficar melhor?

Largada. Quilômetro zero.

"É a segunda maratona da sua vida. Você se preparou para isso. Como era mesmo? Gel, água, bebe...Até parece, jamais me esqueceria disso. Mais uma largada. Foco, Sara! Em que você vai focar seus pensamentos? Acho que a sua própria história para estar aqui hoje já é uma boa história para se pensar. Use-a como automotivação. É isso aí. Foco."

Nelo me trouxe uma nova percepção que tinha muito mais a ver comigo mesma do que com as corridas. Como eu tenho um perfil muito "caxias", eu me cobro demais, com muita seriedade, inflexibilidade e acabo não levando o esporte como um lazer e hobby, como deve ser. Eu nunca tive a intenção de ser profissional, se a corrida entrou na minha vida como uma válvula de escape e lazer, era assim que eu queria levar dali para frente: com leveza, diversão e não mais com cobranças e perfeccionismo.

Ficamos hospedados próximo ao Central Park, como a maioria dos corredores, pois é onde seria a chegada. Isso significava um deslocamento até Staten Island, local da largada. Optamos atravessar de balsa. Em Nova York segurança é tudo. Ali já fomos recebidos por cães farejadores antes de embarcar. A revista da sacola de comida, mesmo transparente e contendo apenas o permitido, passam pelos detectores de metal no acesso a área de espera das ondas de largada.

"A largada da prova já começa numa subida e já sinto a minha panturrilha. Vou montar uma estratégia para chegar à linha de chegada inteira. E principalmente: chegar. O Nelo me disse para correr sete minutos e caminhar um minuto, correr mais sete minutos e caminhar um minuto e assim sucessivamente até o final. Marco no relógio, para intercalar o tempo para minha perna aguentar até o final.

Antes do Nelo me abrir os olhos e me mostrar uma nova percepção, eu nunca caminhava durante um treino ou corrida, nem mesmo uma paradinha para tomar água. Foi ele quem me despertou para uma nova maneira de conviver com o esporte. E mesmo sendo óbvio, eu não era capaz de perceber isso naquele tempo.

Você pode andar numa maratona, você pode brincar com as pessoas, você pode parar para tirar uma foto, você pode ser feliz correndo uma maratona. Não precisa ser essa neura toda que você se exige. Ele tinha razão. "Primeiro tapete."

"Relógio: 5 quilômetros."

"Eu nem acredito que estou neste tapete de novo. Tanta coisa aconteceu, desde a última vez. Sinceramente, eu não achava que voltaria a ser maratonista. Que incrível. A vida me chamou de volta. Hora de tomar o gel. Água. Bebe. A verdade é que adoro este momento. Levanta os braços. Concentração. Onde eu estava em meus pensamentos?"

Depois das palavras do Nelo, que me transformaram profundamente, eu comecei a encarar a maratona de uma forma mais prazerosa. Com esta nova percepção falando alto em minha cabeça e a experiência mais leve que há pouco vivenciei no ciclismo, eu vim para Nova York lesionada, mas vim. Estou aqui, não estou? "Foco, Sara. Tem que olhar o relógio."

"Relógio: 7 quilômetros."

"Primeira parte de 6 x 7! Que saudade que eu estava disso. E eu nem sabia. Estou percebendo agora. Checagem. Nenhuma dor até agora, nem câimbra e nem banheiro. Foco, Sara, concentre-se. No que você pensava?" Eu já tinha passado pela experiência do

ciclismo, também com fortes treinos, provas e competições.
Tive a oportunidade incrível de participar do "L´Etape", na França, mas neste momento do esporte, eu consegui praticar de uma forma mais lúdica. A bicicleta tem sabor de infância. Depois da Maratona de Berlim, tive uma fratura por stress. Isso me impediu de treinar e apenas nadava. Nos dias piores, contava azulejos e nos nem tão piores, braçadas. 2012 foi um ano para esquecer.
Quando eu voltei a correr, acredito que adquiri a "síndrome da auto superação". Uma neurótica. Antes de qualquer prova, verificava meu resultado anterior, acrescido dos meus desempenhos recentes e criava metas absurdas. Adorei. Reforça suas transformações. Eu estava novamente exigindo muito de mim mesma, mas foi bom. Sempre um aprendizado de alguma maneira.
Até o momento em que meu fisioterapeuta me perguntou: "Sara, onde você quer chegar com isto? Outra fratura por stress?". "Eu estou correndo nesta velocidade", respondi. "Compra uma bicicleta." "Como assim?" Ele me convenceu de que o ciclismo me permitiria gastar muito da energia que eu tinha, mas que não faria tanto mal em termos de lesão para o meu corpo. "Segundo tapete. Estou indo bem."

"Relógio: 10 quilômetros."

"Segundo tapete. Ok, água, gel, bebe. Você está indo bem, Sara. Eu nem acredito. Quem diria? Voltei por causa do Nelo, mas agora percebo o quanto, inconscientemente, eu mesma queria isso. Adoro um "perrengue". Me sinto feliz, plena. Que saudades eu senti de tudo isso! Do meu nome em coro, quando eu passo pelos espectadores, de cada tapete, de cada gel que eu tomo, de cada passo, tudo.
E as crianças com seus cartazes de "Extra Power"? Muitas delas fazem cartazes e levam para a margem da corrida, esperando uma batida de mão dos corredores para recarregarem energia. Parte da magia das maratonas. Lindo. Continue, Sara. Você está indo muito bem. Foco. No que você pensava mesmo?"
Minha fase de ciclismo. Resolvi seguir o conselho do meu fisioterapeuta. Se eu era dura demais comigo mesma em relação às maratonas, poderia ser diferente com o ciclismo e menos doloroso. Por que não? Um amigo me deu preciosas dicas sobre como escolher uma bicicleta.
E em uma das minhas viagens trouxe a minha. A minha paixão

eram esportes que me levassem ao extremo e com a bicicleta não foi diferente. Fiz provas de Audax – ciclismo de regularidade em longa distância – triathlon Long Distance até ouvir falar do L'Etape. Uma prova de ciclismo nos Alpes Franceses. "Vou fazer esta prova ano que vem", pensei comigo mesma.

E fui. Descobri um grupo de ciclismo de estrada que foi mais que uma escola. Ali fiz amigos e aprendi a pedalar. Alguns organizaram grupos de ciclistas que me acompanharam para me ajudar nos treinos. "Olha no relógio, Sara. Quantos quilômetros foram?"

"Relógio: 14 quilômetros."

"Segunda parte de 6 x 7. Quem diria, eu aqui de novo. Não me canso de comemorar este retorno triunfal. Que sensação boa, meu Deus. Excelente. A temperatura está agradável, não preciso de banheiro. Tudo indo bem. Concentre-se Sara. Volte aos pensamentos anteriores. Está dando certo."

Fiz a inscrição e comecei a treinar para o L´etape. Eu treinava na Serra Velha de Campos do Jordão. Chegava com o meu carro, montava na bicicleta e subia e descia, acumulando altimetria. Uns três mil metros por treino. Fácil para uma "marrenta" como eu. Imagina o esforço. E os riscos também. Amigos e colegas morreram por causa do ciclismo. Foi o que me afastou desse esporte.

Pois é, cada desafio exige alguns sacrifícios. Quando eu fiz a prova de verdade, chorei de emoção nos primeiros quilômetros, pois sabia todo o esforço que eu tinha feito para estar ali, além da emoção das pessoas batendo palma e vibrando pelos ciclistas. Pedal na França é coisa séria.

Foi sensacional ver que eu estava preparada para a prova, pois muitas pessoas desistiram no meio do caminho, eu mesma, descendo o Col du Tourmalet, cheguei a pensar que estava passando dos limites quanto aos riscos que me expunha. Até pensei em desistir... mas, teimosa..., e pensar que teria que treinar mais um ano inteiro e voltar para terminar a prova no ano seguinte... Ahhh... vamos acabar com isso hoje mesmo! E terminei. 9h50 em cima de uma bicicleta. "Tapete à vista, Sara. Foco."

"Relógio: 15 quilômetros."

"Levanto os braços. Água, gel, bebe, pronto. Olha eu aqui de novo, gente." - Sara! Sara! - Go Sara! Go Sara! Yes! Foco, Sara, por favor. Escuto os gritos que eu adoro. No que você pensava antes? Foco."

Voltando à minha fase de ciclista. Subi o Vale Nevado, no Chile, de bicicleta, sendo cinco horas de subida, para percorrer 54 quilômetros desde o centro de Santiago em uma estrada sinuosa com sessenta curvas em ferradura. Quando eu cheguei ao topo do vale, começou a cair uma neve fininha e para mim parecia que era um presente pela minha chegada. Foi um momento mágico. Este período do ciclismo foi muito bom em minha vida, pois me permitiu os mesmos desafios que a corrida, mas sem as lesões.

O fisioterapeuta estava certo. Muito certo. Eu tinha a minha válvula de escape e de energia e estava feliz. Num desses momentos é que eu "atropelei" o meu marido e então com ele fui me motivando a voltar às corridas. Tudo se encaixava perfeitamente. "Tapete à vista. Viva. Olha eu aqui de novo. Não me canso de dizer isso."

"Relógio: 20 quilômetros."

"Quarto tapete. Água, gel, bebe. Tudo bem, está certo. Levanta os braços. Quase a metade agora. Terceira fase da corrida. Foco em seus pensamentos. Continue." Voltando a esta nova fase da maratona. Meu retorno triunfal. Nem tanto. Antes da maratona, lesionei a panturrilha. Isso causava uma dor muito forte.

Eu decidi que só verificaria o problema após a prova, pois desistir não estava nos meus planos. Se decidisse verificar a questão antes da corrida, certamente não correr seria parte do tratamento. Assunto inegociável. Estou aqui, com a panturrilha machucada mesmo. Eu sei, eu sei, meu fisioterapeuta tem lá suas razões. Eu não paro. É muita energia. Parar me danifica mentalmente, aí não funciono bem.

Coloquei uma meta para mim mesma, utilizei como parâmetro o tempo que havia feito para completar a maratona de Berlim de cinco horas e seis minutos. Ainda seria uma sub 6. Então, cheguei à conclusão de que queria completar a maratona de Nova York em menos de seis horas. Esta se tornou a minha meta para a prova. "Uau, mais um tapete. Estou indo muito bem."

"Relógio: 21 quilômetros."

"Eu não vou conseguir terminar. Estou com uma lesão séria na perna, que está gritando o tempo todo, que não está cem por cento,

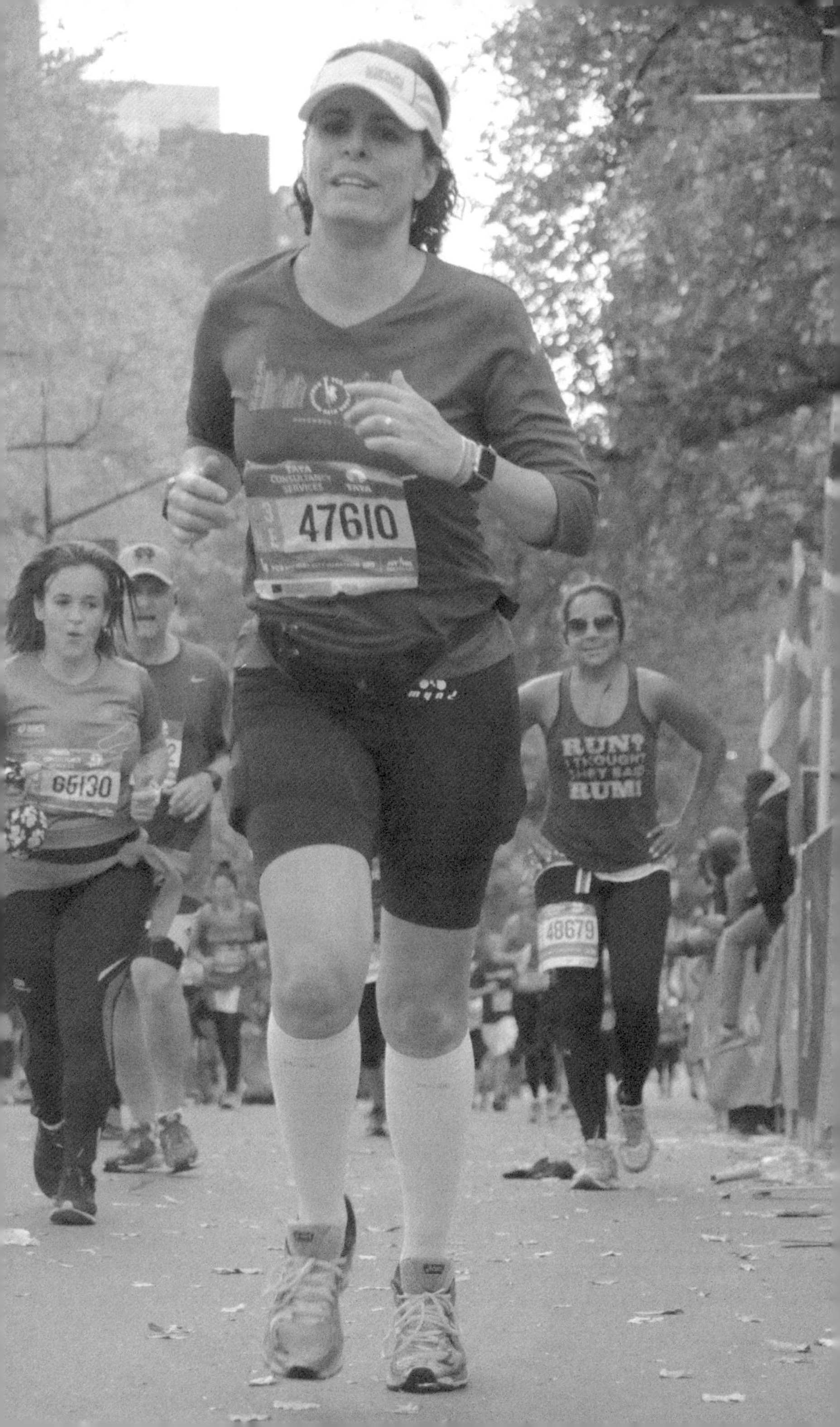
47610
65130
RUN?
RUM!
48679

nem noventa, nem oitenta. Se estivesse cinquenta por cento, pelo menos. Ai, meu Deus, que dor. O que eu faço? O que é aquilo? Quem é aquela senhora? Meu Deus do céu."

Uma senhora de idade avançada com duas muletas na mão, subindo uma ponte bem na minha frente. Isso é Nova York. Isso é maratona. Isso é vida. Desafio. Prova. Vida. "Não, Sara! Você não vai desistir. Eu não vou deixar. Depois você cuida e pensa na panturrilha. Se aquela senhora de muletas está subindo uma ponte e seguindo em frente, quem é você para desistir? Jamais."

Isso é Nova York. É um orgulho estar aqui de volta à maratona. Como funciona? É assim, as Majors mobilizam inúmeras instituições de caridade, seja na torcida, sejam os corredores ligados às diversas causas apoiadas. Uma delas é o Achilles. Eles dão apoio às pessoas com limitações e ali naquele ponto do quilômetro vinte e um, foi onde eu quase desisti. Quando encontrei um deles.

"What a shame, Sara!" Esse tipo de coisa é sensacional nas maratonas internacionais. Toda vez que você pensa que está muito difícil para você, aparece alguém lhe mostrando, que você é capaz. É muito "tapa na cara". Existe um espírito esportivo que acaba sendo coletivo e atinge a nossa força individual. É uma sensação única, inexplicável e inesquecível.

No caso daquela senhora, por exemplo, como tantos outros, naquele instante ela me fez sentir vergonha da minha fraqueza e isso me motivou a seguir em frente. E de tempos em tempos, de quilômetros em quilômetros, nos deparamos com pessoas e situações que nos motivam a dar mais um passo, que nos forçam a seguir em frente. É maravilhoso. "Quinto tapete. Emocionante demais."

"Relógio: 25 quilômetros."

"Viva! Água, gel, bebe e pronto." Levanto meus braços. Olha eu de volta, gente. Graças à Deus. Nenhuma parada para banheiro. Continue, Sara, continue. Foco no que você pensava antes. Vamos lá." Retorno às maratonas. Isso.

De todas as maratonas da Six Majors, Nova York é a única prova que ninguém é desclassificado por limite de tempo. Ou seja, você pode completar a corrida em quantas horas quiser ou precisar. É a melhor prova para se experimentar a distância de 42 quilômetros, sem a pressão do relógio. Mesmo não sendo o percurso mais fácil. Ainda assim, eu coloquei um limite para mim mesma.

É, talvez o meu lado "caxias" não tivesse sido posto de lado tanto assim, mas eu estava tentando. Devagar, mas conseguindo. É impressionante como o meu corpo ainda sabe os momentos de checagem, mesmo que eu não me importasse com o relógio, parece que ele ainda acerta."

"Relógio: 28 quilômetros."

"Sensacional. Mesmo com dor. Força panturrilha, força. Você terá seu tratamento assim que voltarmos, eu prometo. Massagens e fisioterapia, tudo que você merece. Quarta parte de 6 x 7! Água, gel, bebe e pronto. Mantenha-se focada. Onde eu estava mesmo? Foco, Sara. Por favor, atenção."

A maratona de Nova York é uma das maiores corridas do mundo, com mais de 50.000 participantes a cada edição. Não é lindo? Esta corrida está entre as mais importantes e imponentes dos Estados Unidos, junto com as maratonas de Boston e de Chicago. Todas fazem parte do grupo Six Majors. Que orgulho. Essas maratonas integram a lista de provas do atletismo com o selo Gold Label Road Race da Federação Internacional de Atletismo - IAAF.

A prova é realizada anualmente desde 1970 pelo New York Road Runners - NYRR com exceção do ano de 2012, quando a corrida foi cancelada por causa dos estragos causados pelo furacão Sandy, uma semana antes. "Tapete à vista. Viva."

"Relógio: 30 quilômetros."

"Sexto tapete. A partir daqui é a fase mais difícil. Bom, como se eu já não tivesse quase desistido no quilômetro 21. Água, gel, bebe, pronto. Levanta os braços. Panturrilha reclamando. Já entendi. Já entendi. Vai continuar mesmo assim. Pense na velhinha de muletas. Isso. Foco, Sara."

A maratona de Nova York acontece no primeiro domingo do mês de novembro, todos os anos. Ela é transmitida ao vivo para a cidade de Nova York pela WNBC, pela Tv a cabo Universal Sports para todo o país e on line através do próprio site da rede de televisão. A audiência mundial chega a 315 milhões de espectadores. Já pensou?

Eu e o Nelo estamos sendo assistidos pelo mundo inteiro. Me lembra o jornal da cidade de Berlim, que tenho guardado em casa. "Que relíquia, meu Deus..., como é a vida. Como um objeto, um papel amarelado pode representar tanto? A edição do Berliner Morgenpost do dia 26/09/2011 representa a primeira maratona da minha vida, minha primeira vez na Alemanha, a quebra de paradigmas que carregava sobre o país e que foram todos quebrados e ressignificados.

Naquela época, eu pensava mal dos alemães, devido à história do nazismo e da primeira e segunda guerra mundiais. Foi uma oportunidade e tanto perceber novas opiniões sobre o assunto. Se isto ficou no passado na história, por que não poderia ficar também para mim? Os alemães se envergonham disso. Quem seria eu para continuar apontando o dedo internamente? Ninguém.

Felizmente eu percebi isso. E o meu nome no jornal como participante da maratona significa muito para mim até hoje. Tempos depois, fui descobrir que meu "futuro marido" também estava no mesmo jornal. Agora estaremos juntos novamente no The New York Times. Ainda nem nos conhecíamos, mas já dividíamos a mesma paixão, desafios e locais. A vida é mesmo incrível. "Tapete à vista. Estamos quase lá."

"Relógio. 35 quilômetros."

"Não acredito: sétimo tapete. 5 x 6. Perfeito. É muita emoção estar aqui de novo. Ok, água, gel, bebe. Panturrilha gemendo, mas sobrevivendo. Eu estou com fome. Muita fome. Os pontos de entrega de frutas já fecharam. O que eu faço? Que fome, meu Deus. Fome!" Minha nossa, os espectadores estão dando banana para os corredores. Isso vai ser a minha salvação. Peguei uma. Graças à Deus. Come Sara, come. Onde estava o meu foco? Ah sim..."

A primeira maratona de Nova York foi realizada em

1970, com a participação de apenas 127 atletas, 126 homens e uma mulher, que desistiu no meio do percurso. Na época, ela era disputada inteiramente em quatro voltas dentro do Central Park.

Apenas cerca de 100 espectadores assistiram a chegada do bombeiro nova-iorquino Gary Muhrcke, como primeiro vencedor da competição, em 2h31m38s. Apenas 55 competidores completaram essa prova e o prêmio dos dez primeiros colocados foi um relógio de corrida.

Hoje o prêmio para o vencedor é de cem mil dólares. Bom, alguns relógios chegam a custar isso mesmo. Ainda assim, os tempos mudam e quanto mais histórico algo se torna, mais importante e mais reconhecido fica. E eu faço parte disso hoje.

Minha emoção e gratidão não tem tamanho. Por isso a panturrilha doendo como nunca doeu em toda a minha vida deixa de ser um peso. Dói, dói demais, mas essa trajetória toda, treinos, ciclismo, alimentação, inúmeros planejamentos, tudo isso me fez uma pessoa melhor, mais forte, resiliente.

Não é qualquer coisinha que me tira do sério, diminui a alegria de um dia, de uma vida. Não, não é mais assim. Acho que isso, no fundo, se chama maturidade. E quanto mais desafios, mais madura se fica. Só agradeço "Tapete."

"Relógio: 40 quilômetros."

"Sétimo tapete. O último antes da linha de chegada. Momentos finais. Água, gel, bebe. Banheiro? Não. Ótimo. É tanta felicidade que nem consigo raciocinar. Onde estará o Nelo? E o Serge, está comigo hoje? Claro que sim. Foco, Sara! Foco! Você está quase no final. Não faça nada de errado, senão sua panturrilha desaba de vez. Foco, Sara!"

A maratona alcançou tanta popularidade internacional, que dois anos mais tarde, em 1978, a norueguesa Grete Waitz quebrou o recorde mundial da prova feminina nas ruas da cidade, com um tempo de 2:32:30. E eu feliz porque acredito que vou terminar a prova em menos de seis horas. Bom, não importa.

Com 48 anos, tenho uma vida paralela às maratonas. Não sou atleta, sou uma simples corredora amadora, alguém que gosta de se desafiar e apreciar os momentos dos desafios e da corrida. "Ai, meu Deus, que dor. Quanto falta?"

"Relógio. 40 quilômetros e 600 metros."

"Dor, dor, dor. Pense na velha senhora, Sara. De muletas. Você não vai desistir. It would be a shame, Sara. Calma, Sara, são os metros finais. Concentre-se." Se a norueguesa conseguiu em duas horas e vinte, o importante é que eu conseguirei também, mesmo com uma panturrilha acabada.

"Relógio: 41 quilômetros."

"Dor e mais dor, eu sei, mas você está quase lá. Ai, meu Deus. Sara, não pense na dor. Esqueça a dor. Caminhe devagar. Você vai conseguir. Isso. Apenas continue."

"Relógio: 41 quilômetros e 200 metros."

"Eu não aguento mais. Calma Sara, calma. Conte. 1, 2, 3, 4... Você vai conseguir. São os metros finais. A senhora de muletas, onde ela estará? Quantas horas ainda levará até terminar a prova? Seja como ela, Sara. Não desista."

"Relógio. 41 quilômetros e 500 metros."

"Falta pouco. Muito pouco. Duas curvas. Preciso encontrar forças para voltar a correr. Minha meta eu já consegui. Agora chegou a hora de mostrar alguma dignidade e passar a linha de chegada correndo. Segunda maratona, Sara. E a senhora de muletas? Eu daria um abraço nela se um dia a encontrasse. O quanto ela me ajudou, está ajudando. E ela nem sabe. Calma, Sara, calma!"
- Go Sara! Go Sara! Go! Go!
- Sara! Go!
"Se eles soubessem o quanto eu preciso desses gritos hoje. Quase na hora..." - Thank you! Thank you! "Minha voz quase nem sai, mas a gratidão é muito grande. Quanto falta, meu Deus?"

"Relógio: 42 quilômetros."

"O momento final. A última curva. A hora do sprint, mesmo que em câmera lenta, na minha mente estou voando. Caminhe, Sara, apenas caminhe. É uma vitória mesmo assim. Se todos pudessem sentir a dor que está sentindo, saberiam o quão vitoriosa você é. Não

47610

BRASIL

seja boba, Sara, você sabe que a maioria dos corredores chegam aqui com dores. Não é só você. Momento de glória. Alcance a linha de chegada. Será que vou conseguir? Respira fundo."

Falta pouco! Falta pouco! Muito pouco! Segunda maratona, Sara. Algumas passadas. Aqui a minha contagem é regressiva 10, 9, 8, 7... 6, 5, 4, 3... Quantas vezes forem necessárias. Respira!"

"Relógio: 42 quilômetros e 195 metros."

"A linha de chegada. Eu cheguei. Eu cheguei. Dor. Dor Feliz. Feliz. Obrigada." A finalização desta maratona significou muito para mim. Foi praticamente aos prantos que terminei a prova e caminhando talvez a metade do tempo. Ainda que lágrimas não rolassem meu rosto mais do que o suor, a dor que senti foi absurda. Com isso, pude perceber o tamanho da minha força, que qualquer pessoa tem.

São em momentos difíceis e extremos que nos testamos, nos descobrimos e nos conhecemos. A força de cada um está dentro de si, basta que se busque, com força, empenho, persistência e estará lá. Foi um retorno triunfante, feliz, além do significado do encontro de minha vida e realização emocional.

Creio que a maturidade é uma das maiores responsáveis por isso tudo. Ninguém consegue tamanha resiliência em plena juventude e sem experiência de vida.

Não é fácil amar, sem conhecer primeiro o verdadeiro amor próprio. Se hoje completei a maratona com tantas dores, mesmo não tendo nenhuma recompensa concreta no final, é porque isto me realiza por dentro, o que eu compreendo como me superar a cada dia.

E me desafio outra vez em seguida. Certamente nunca me esquecerei das dores que senti durante a corrida, mas mais do que isso, jamais me esquecerei da força que encontrei para continuar e seguir em frente.

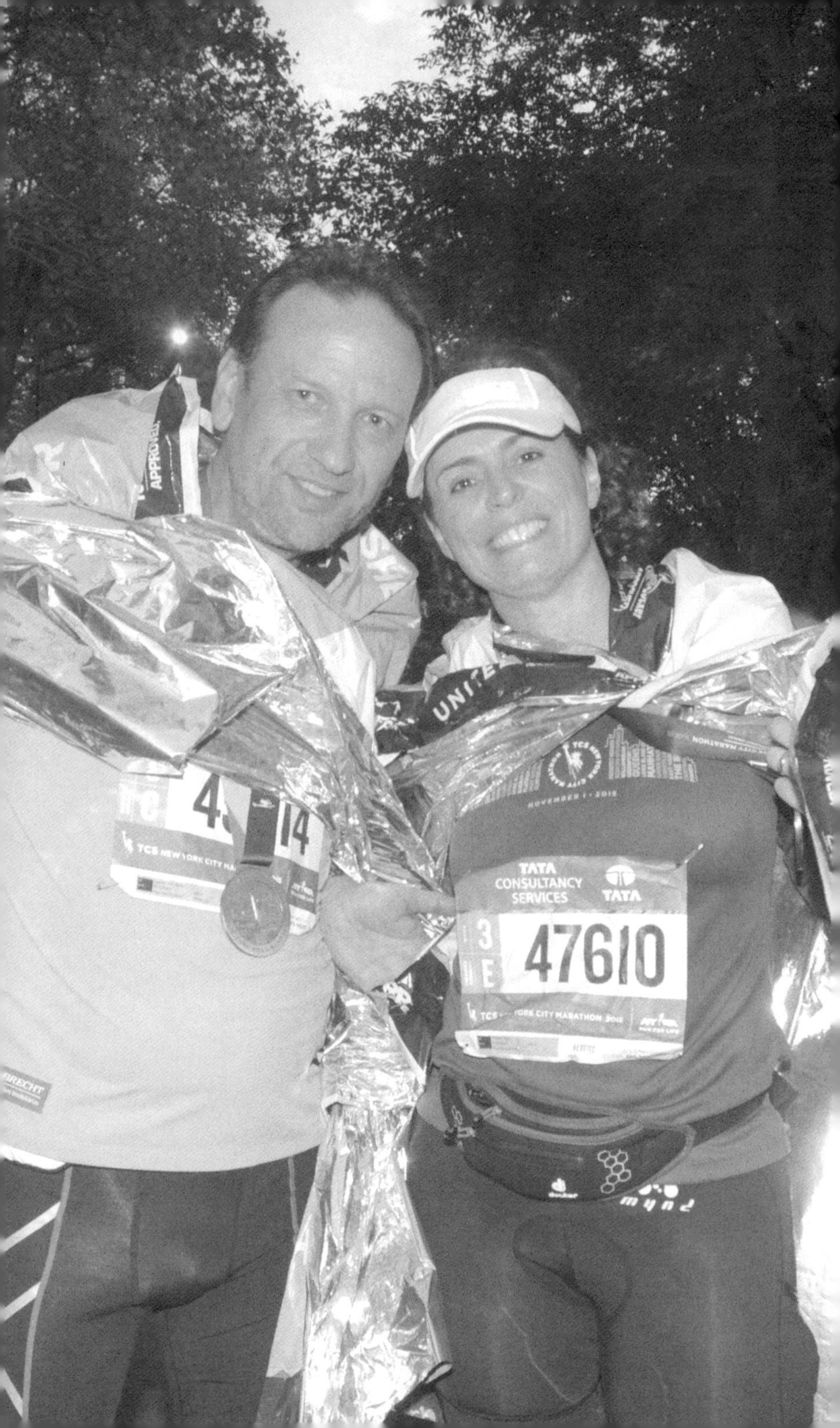
APPROVED
TATA
CONSULTANCY
SERVICES
TATA
47610

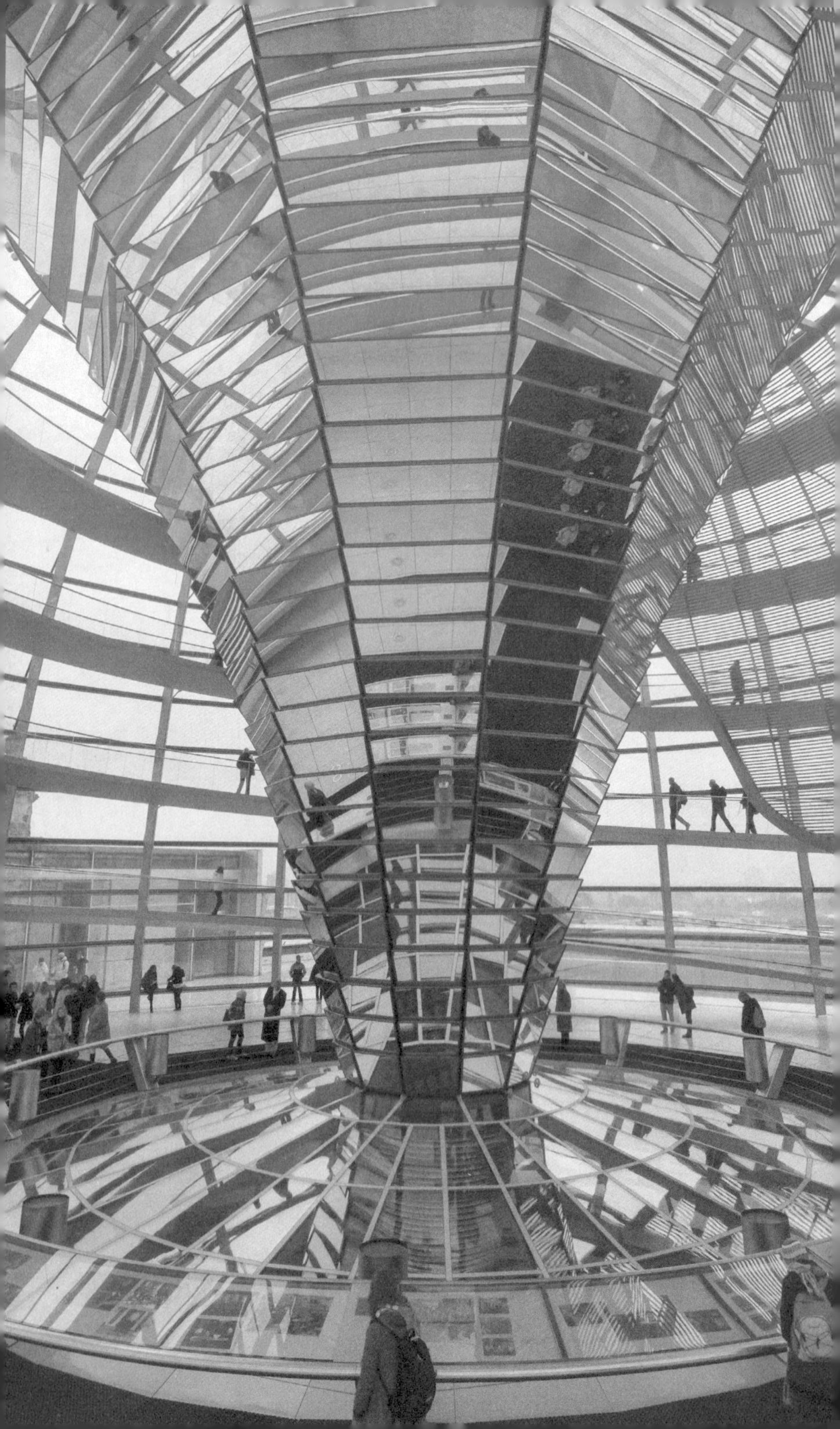

capítulo 6

Berlim

"Você não pode colocar um limite em nada. Quanto mais você sonha, mais longe você chega."
(Michael Phelps, nadador pelos Estados Unidos da América)

Maratona de Berlim [2011]

Tempo de percurso: 5h06m04s

Berlim. Primeira maratona. Primeira vez em Berlim durante oito dias que trariam surpresas de todo tipo. Eu ainda estava sozinha, motivada a correr a maratona pela assessoria de corrida. Fiz a viagem e trabalhei ao mesmo tempo. O Nelo ainda não existia em minha vida, embora bem depois eu fosse descobrir que ele também estava lá.

Vai saber se corremos um do lado do outro em algum momento? Só Deus sabe. A inscrição para esta maratona era bem simples. Se inscrevia e ia! O que veio a mudar bastante com o tempo. Conforme fui me tornando atleta e aprendendo a viver com as lesões, machucados, uma dor aqui e outra ali, fui aprendendo truques, dicas e conselhos de quem já tinha passado pela mesma situação.

No meu caso, tenho um fisioterapeuta que se tornou para mim um papa do assunto, pois tudo o que ele me diz se concretiza. Ele foi responsável por descobrir um centímetro de diferença na altura entre uma das minhas pernas e a outra. Com isto, eu pude optar por mandar fazer palmilhas especiais sob medida e corrigir esta diferença, melhorando minha qualidade de vida nas corridas e fora dela.

Era uma diferença que eu não era capaz de perceber, mas que certamente prejudicava a minha coluna e toda a minha postura. Após o início da utilização das palmilhas tudo melhorou. A correção e equilíbrio da altura das minhas pernas não fizeram apenas minhas dores nas costas e as enxaquecas desaparecerem, mas a corrida em si me proporcionou um alto nível de consciência corporal, o que me permite hoje uma relação maravilhosa com meu corpo e mente, que antes eu nada percebia.

O meu corpo fala comigo o tempo todo. E vice versa, existe uma conexão que funciona em tempo real, vinte e quatro horas por dia, melhorando a minha qualidade de vida, seja durante um treino, no trabalho ou durante o sono. A minha empolgação é tanta que cá estou. A primeira maratona da minha vida.

Largada. Quilômetro zero.

"Primeira. Eu me preparei para isso. Será mesmo? Eu nunca corri mais do que 30 quilômetros seguidos. Será que eu vou conseguir?

Ainda faltariam 12. Meu Deus do céu. O que estou fazendo aqui? Banheiro eu fui antes da largada. Gel, água, bebe. Foco, Sara. Em que você vai focar seus pensamentos? Qual a sua própria história para estar aqui hoje? É isso aí. Foram muitos treinos. Foco."

Treinar corrida não é o suficiente para quem deseja fazer uma maratona bem feita, sem dores e bem sucedida até o final. A preparação para uma maratona é um projeto e deve ser tratado desta maneira. Reunir a melhor equipe para orientação dos treinos de corrida, musculação, alongamento e fortalecimento, fisioterapia e a lista não para por aí.

Abrir espaços na semana conturbada, quando a maioria se justifica com um "não tenho tempo". Já o maratonista se habitua rapidamente a esticar o dia. Sempre é possível acordar uma hora mais cedo, correr mais um quilômetro, ou fazer mais uma série de exercícios. E depois achar tempo para descansar.

O dia da prova é a hora da apresentação dos resultados. Eu só aderi à musculação quando decidi me inscrever para provas de longa distância. Na academia o professor começou a fazer uma série de perguntas: "O que você come? Quantas vezes você come por dia? O que come antes do treino? Depois do treino?".

No alto dos meus quarenta e três anos, eu simplesmente não me importava com aquilo. Só pensava em ficar magra. Eu tinha no freezer vários potinhos de sopa bem rala para enganar a fome, antes de dormir. Ele me sugeriu que procurasse um nutricionista e indicou um que também era maratonista, o que lhe dava credibilidade exatamente em relação aquilo que eu estava buscando.

O primeiro paradigma quebrado pelo nutricionista foi este: "Você tem que comer!". Eu me dei conta, que na ânsia de permanecer magra, eu simplesmente não comia, não tinha várias refeições ao dia e nem fazia questão de ter. "Olha lá, o primeiro tapete que tanto falam. O primeiro da minha vida."

"Relógio: 5 quilômetros."

"Meu primeiro tapete. 5 quilômetros. Hora de tomar o gel. Água. Gel. Bebe. Levanta os braços. Ah que momento indescritível. Quantos mais como este virão em minha vida? Foco, Sara. No que você estava pensando mesmo? Continue."

Através das recomendações do nutricionista, eu passei então a me alimentar seis vezes por dia, de forma saudável, com tudo aquilo que eu precisava para ser uma atleta. Ainda havia um porém,

que era o fato de eu não sentir fome. Pode parecer mentira, mas não é.
Eu passei a usar um despertador para me lembrar das horas em que deveria me alimentar. E assim o fazia. Eu percebi mais uma vez o quanto a rotina que eu nunca aprendi com a minha mãe ou dentro de casa, havia me feito falta e pela primeira vez na vida eu estava disposta a mudar e a seguir o que era mais indicado para mim.
Foi um resgate de muitas coisas que não havia feito a vida inteira por falta de exemplo ou orientação. E por isso acredito que a disciplina não tem hora para começar, ela começa quando decidimos segui-la e ponto final. E também não acontece do dia para a noite... precisa querer mudar.
O reflexo se dá no dia a dia. Em casa, trocamos lanches por um jantar saudável todas as noites. Nos sentamos à mesa, comemos e conversamos sobre tudo o que aconteceu em nosso dia.
Acaba sendo não apenas uma questão de boa alimentação, mas de um convívio saudável, amoroso e que terá mais chance de permanecer assim, sendo trabalhado em doses diárias, como sempre deveria ser. O quão raro se tornou as pessoas se sentarem à mesa e deixarem seus celulares de lado ou a televisão, para apenas se olharem nos olhos e verdadeiramente se importar sobre como foi o dia do outro?
Para mim isto é de extrema importância. E sinto que é uma pena que a nossa sociedade esteja perdendo isso. É algo muito triste, um tempo que não se recupera. Acredito que as famílias que prezam por um almoço ou jantar juntos, sem celular, são as mais estruturadas. E vice-versa. "Em quantos quilômetros estamos? Confira, Sara."

"Relógio: 7 quilômetros."

"Primeira parte de 6 x 7! Que ótimo. Checagem. Nenhuma dor até agora, nem câimbra. Foco, Sara, concentre-se. No que você pensava? Esses pensamentos ajudam você. Concentre-se, Sara. É a sua primeira maratona. Foco nos pensamentos positivos."
Preparar-me para Berlim foi uma aprendizado para lidar com a dor física, algo novo para mim, pois eu conhecia outras dores, vindas da alma. Primeiro eram dores fortes na batata da perna. Eu me arrastava pelos primeiros seis quilômetros e quase tinha alucinações com a chegada do instituto Oceanográfico no campus da Universidade de São Paulo - USP. Este era o primeiro ponto de

água nos treinos longos de sábado. O alívio veio com a revisão da dieta e o aumento do carboidrato na véspera dos treinos mais pesados.

Eu queria ter mais maturidade esportiva para lidar com os contra tempos que ainda viriam. No meio do caminho, eu tive uma lesão do isquiotibial, músculo associado à flexão do joelho. Eu não conseguia mais correr e tive que reduzir o esforço nos treinos, a perna doía muito.

Meu projeto da Maratona estava correndo sérios riscos de desmoronar. Nessa hora, tive que me preparar para improvisar, mudando a estratégia de treinos. Mais musculação, menos corrida e muita fisioterapia. "Segundo tapete à vista. Viva."

"Relógio: 10 quilômetros."

"Uau. Ok, água, gel, bebe. Segundo tapete. Eu nem acredito. Que momento único. As pessoas gritam meu nome. É muito incrível. O que sinto chega a ser único. Mas eu me sinto cansada. Será mesmo que eu deveria ter vindo? Não tenho certeza. Continue, Sara. Você está indo muito bem. No que você pensava mesmo? Não sei, me esqueci. Pense em outra coisa."

Se teve algo que aprendi na vida é que não se nasce com todas as características que desejamos ter, mas isso não significa que elas não podem ser adquiridas e trabalhadas. Isto pode ser desde um hábito até um talento que se almeja, como uma melhor alimentação, um vício que deseja abandonar, um planejamento financeiro ou a habilidade de escrever ou falar em público, algo que ainda me considero em treinamento.

Além das características que nascemos com elas ou não, existem as que surgem pelo meio em que vivemos. Somos influenciados pela família, escola, amigos, mas sobretudo pelos lugares, pessoas e situações que nos marcam a alma. Minha mãe, nascida em 1936, sete anos mais velha do que meu pai, na década de 50 se mudou para a França, para a pequena cidade de Aix em Provence.

Se naquela época estudar já era um privilégio para mulheres, lecionar num país como a França era mais do que se podia supor. Minha mãe viveu esta oportunidade como professora de semântica. Tendo se furtado do modelo tradicional e conservador de mãe da época, de um lado me fortaleceu como pessoa, já que me obrigou a amadurecer bem antes do que o comum para meninas da idade, mas por outro, me gerou cicatrizes que carrego até hoje.

Feridas que se fecharam, mas que sempre farão parte da minha história. "Em quantos quilômetros você está, Sara?"

"Relógio: 14 quilômetros."

"Os primeiros 14 quilômetros da minha vida como maratonista. Parabéns, Sara. Viva. Segunda parte de 6 x 7. Me sinto fortalecida. Não sabia que as dificuldades aumentariam a cada passada. No que você pensava mesmo? Ah sim."

Não foi fácil conviver com a instabilidade emocional da minha mãe, pois o papel de cuidados era muitas vezes invertido em minha casa. Disputávamos atenção, sentíamos ciúmes uns dos outros por qualquer fio de atenção recebida. E brigávamos muito. Eu fui percebendo sozinha o que deveria aprender e fazer em seguida. Era criança adulta, que futuramente se tornou o que sou hoje.

Somente agora tenho o privilégio de compensar a infância difícil, quando posso ser leve neste momento, me permitindo rir e brincar da forma que posso numa fase de alcançada plenitude. Assim é a vida: tira de um lado, dá de outro.

E entre um instante e outro, vamos nos equilibrando como sabemos e podemos. Para isso, aprendi que resiliência é a maior de todas as aliadas. "Tapete, tapete, tapete, olha lá."

"Relógio: 15 quilômetros."

"15! 15! 15! Eu nem acredito. Água, gel, bebe, pronto. Sara, Sara, por favor, continue. Levanto os braços! Escuto os gritos: - Sara! Sara! Go! Go! Go! Consigo sentir os resultados dos meus treinos. Como estou confiante e feliz com a minha regularidade. No que você pensava? Foco."

A experiência de oito anos da minha mãe na França foi muito mais do que sua formação universitária, ela sempre nos contava de como foi feliz lá. Adorava a cultura francesa, as comidas e até os hábitos esquisitos que se diferenciavam muito do que é no Brasil. Principalmente nos hábitos de higiene. Os franceses são famosos por seus perfumes não por acaso.

Claro que fomos marcados por essa cultura. Imagina uma criança no Brasil, em pleno verão belo-horizontino tomando banho uma vez por semana. Como chamam hoje as brincadeiras de escola: bullying? "Quantos quilômetros, Sara?"

"Relógio: 20 quilômetros."

"20 quilômetros, Sara! Quase a metade. Levanta os braços." Água, gel, bebe, isso. Terceira fase da corrida. Sensacional. Vamos lá. Pense em algo para manter o foco. Pense! Onde você estava mesmo?" Minha avó materna era costureira, muito vaidosa. Sonhava conhecer Las Vegas com as amigas do Rotary. E conheceu.

O nosso convívio com ela era bem distante. Aos meus quinze anos, ela teve um câncer devastador, que lhe permitiu nos últimos três meses de vida ser cuidada pelas netas. Foi a oportunidade de resgatar uma parte do que já havia se perdido. Porém, eu tive a sorte de ter uma tia-avó, também costureira, que cumpriu muito bem o papel de amorosidade que me faltava.

Ela morava perto da casa da minha avó em Belo Horizonte, e era lá que eu dava início a uma longa vida de polaridade social, amorosa e cultural. Se durante a semana eu vivia com minha mãe e irmãos, em estado de alerta ao seu humor e suas crises, eram nos finais de semana e nos períodos de férias que tudo mudava.

Os finais de semana na casa desta tia-avó, ela e suas irmãs e minha prima me enchiam de mimos, ups. O que seria o pesadelo de qualquer criança era o meu mundo encantado: hora de acordar, café-da-manhã, almoço, lanche e jantar, além da hora de dormir. A sabedoria da minha tia-avó não tinha limites, bem como o seu amor e cuidado por mim e pelos meus irmãos. Foi dela que recebi os primeiros significados para uma vida toda de amor, respeito e sabedoria. "Tapete! Socorro."

"Relógio. 25 quilômetros."

"25 quilômetros, Sara. Passei a metade. Mais uma vez o tapete. Levanta os braços. Obrigada, meu Deus. Gel, água, bebe, pronto. Você está indo bem, Sara. Está enganando a quem? Tudo cansa. Vamos lá... Foco."

A caminho de Berlim, passei por Praga. Materializei uma simbologia da minha infância: a igreja do Menino Jesus de Praga. A minha tia avó sempre pedia a ele que me protegesse desde menina. Era para ele que me ensinou a rezar antes de dormir. Visitar essa igreja teve um valor afetivo muito forte.

Minha tia avó faleceu em 2007 e eu não consegui ir ao seu velório. Estava no fim do meu casamento, com uma crise de labirintite que não me permitia sair da cama. Doeu muito receber aquele telefonema e não poder me levantar para a despedida. Em Praga foi como abraçá-la mais uma vez e ouvir todos os dias em que rezou para que ele me protegesse.

Fui criada em uma família católica. Aos domingos, nos vestíamos com nossos vestidos mais bonitos, sapatos de verniz e íamos à igreja. Tinha o hábito de ligar para minha tia avó para que acendesse uma vela no dia daquela prova mais difícil e já adulta sempre recorria a suas orações de proteção!

Eu ainda tinha a minha avó paterna, filha de imigrantes espanhóis, era bem rígida, mas às vezes eu penso que foi quem me ensinou tudo... Não há um dia que não repita um ensinamento seu: "Na vida nós temos que aprender a não ter, minha filha, porque é muito fácil aprender a ter". E muitas outras pílulas de sabedoria.

Creio que a força para lutar e me adaptar que sempre tive veio dela. E também a certeza da necessidade de me planejar para tudo na vida. Ela me ensinou a sonhar. Viajou o mundo inteiro, acompanhando o meu avô.

A cada cidade, escrevia cartões postais contando onde estava, descrevia o que viu e sempre incluía uma pérola de curiosidades. Ela sempre fez questão de me passar esses valores. Como bônus, me ensinou a arrumar mala e me obrigou a estudar inglês aos sete anos de idade. Era uma visionária. "Checagem, Sara. Atenção, não se perca."

"Relógio: 28 quilômetros."

"Vinte e oito, meu Deus. Lembro-me da primeira vez que corri 28 quilômetros debaixo de chuva na USP. Força, Sara. Calma. A quarta parte de 6 x 7. Concentre-se. Foco. Volte aos seus pensamentos. Está indo bem com isso. Meus pais se conheceram na Europa na década de 60. Ele seminarista na Itália e ela vivendo em Aix en Provence.

Em 1965 retornaram ao Brasil, casaram e um ano depois começaram a ter os filhos, o primogênito, a segunda e a terceira filha sendo eu e minha irmã gêmea e um caçula. Somavam muitas diferenças e as brigas eram frequentes. O casamento acabou. Deixamos a nossa casa e fomos morar em um apartamento: minha mãe e meus irmãos.

Uma mãe problemática e desquitada e os filhos matriculados em colégio de freiras não foi a decisão mais inteligente na época. Eu não era considerada uma boa companhia para as meninas da escola. Aquelas mães viam apenas o que me faltava, mas jamais o que já se sobressaia: a minha força para a sobrevivência. Triste, cobranças e julgamentos chegam cedo na vida. "Tapete."

"Relógio: 30 quilômetros."

"Trinta quilômetros. Parabéns, Sara." Levanta os braços. Mais um tapete eletrônico. Uau. Adorei passar pelos tapetes. A sensação de uma etapa vencida. Água, gel, bebe, pronto. Foco, foco, foco. Pensando agora. Daqui pra frente tudo é desconhecido. Nunca corri acima deste limite. Pensando agora: já!"

Que criança, nos dias de hoje, acorda sozinha aos nove anos de idade, se arruma e vai para a escola sem qualquer supervisão? Eu ia. Nunca me atrasava ou faltava. Só não fazia as lições de casa. Na época eu não sabia, mas aqueles anos me preparariam para a vida de outras maneiras.

Se faltaram amor e cuidado, sobraram força e foco em mim mesma, para me tornar adulta antes mesmo de adolescer. Como já mencionei: a vida tira de um lado, devolve de outro. Num jogo de equilíbrio, seguimos como é possível, mas nada se perde, pois o aprendizado sempre chega depois de um sofrimento. Nada é em vão.

Se já não me bastassem problemas, a nossa assistente resolveu contar a todos os vizinhos, que aos sete anos de idade eu ainda usava mamadeira. Tive que largar pra provar que ela era uma "mentirosa". Penso hoje que de algum modo eu queria permanecer criança, mas até mesmo o meu último resquício de infância fui obrigada a deixar para trás. "Ai, meu Deus, que dor de barriga é essa?"

"Relógio. 34 quilômetros."

"Falta um quilômetro para o próximo tapete. O que é essa dor agora? Meu Deus do céu. Não bastasse o meu cansaço e dor nas pernas. Socorro... Banheiro! Banheiro! Atenção, Sara! Banheiro, banheiro... Ok, lá! Anda depressa. Fila pequena, ótimo. Ai, que dor. Felizmente os banheiros químicos europeus são bons e limpos. Ufa... Volta. Foco. Não acredito. Deve ter sido o gel. Mais um tapete chegando."

"Relógio. 35 quilômetros."

"Trinta e cinco. Não acredito. Bem que dizem que as dores chegam depois dos 30 quilômetros. É a pior fase. As pernas doem, os joelhos, o cansaço, o corpo realmente pesa. Levanta os braços. Mais um gel. Estou cansada. Dói tudo. Vou xingar o mundo. Água, gel, bebe, pronto. "No que eu focava mesmo? Lembrei..."

Na minha casa não havia rotina, ninguém era obrigado a tomar banho ou escovar os dentes. O pau quebrava entre os irmãos, pois não havíamos aprendido os valores básicos de uma família equilibrada e amorosa. O pouco que recebíamos nos finais de semana não compensava os inúmeros estragos emocionais da semana inteira. A semana fatidicamente continuava a ser mais longa e pesada do que os finais de semana. "Olha lá, mais um tapete chegando. Que emoção."

"Relógio: 40 quilômetros."

"Quarenta quilômetros, Sara. Reta final. Você nunca correu isso na vida. Está certo que você está caminhando várias vezes, mas tudo bem. Segue. Levanta os braços. Água, gel, bebe, pronto. Logo estamos no fim. Eu sei, eu sei, dói. Cansaço. Você quer matar seu treinador, mas vamos lá. Depois você mata. Força. Vamos lá. No que você pensava? Você se lembra?"

Os bolos deliciosos que eu comia na casa da minha avó... acho que a fome me trouxe essa lembrança. Ela me deu a receita e fizemos a primeira vez juntas. Aos nove anos eu já fazia meus próprios bolos em casa. E fazia! E também fritava bife. E me queimava. Não era fácil ser dona de casa com mãos tão pequenas. Era normal que as casas naquela época não tivessem televisão ou telefone, mas uma biblioteca, com livros e músicas incríveis era exceção. Cultura tinha.

"Relógio. 40 quilômetros e 500 metros."

"Ai, meu Deus, ai meu Deus. Não consigo parar de olhar no relógio. O quanto demora esses últimos quilômetros, como pode? Foco, Sara. Acalme-se. Continue pensando. Isso." Aos onze anos fui morar com o meu pai em São Paulo, já casado com minha primeira madrasta e meu meio irmão. Um outro meio irmão viria anos depois.

Eu buscava mais estrutura para viver. E consegui, mas ainda assim não era uma casa e uma família minha. Eu nunca me senti totalmente acolhida e à vontade na casa de ninguém. Após um pequeno acidente, minha madrasta acabou ficando um ano de cama e neste período eu me tornei responsável pelas compras de supermercado.

Meu pai me dava um determinado valor em dinheiro e quando a compra passava no caixa, o total era sempre aproximado ao que eu tinha no bolso, mesmo sem qualquer uso de calculadora ou lápis para fazer a conta. Mas mais uma vez, a vida estava me ensinando a crescer por conta das dificuldades que ocorriam à minha volta. Eu ganhava por outro lado novamente.

Por circunstâncias da vida, pouco mais tarde, voltei a morar com a minha mãe em Belo Horizonte para estudar o colegial. Aos quinze anos de idade, foi quando comecei a me dar conta da seriedade dos problemas da minha mãe, já que até aquele ponto, não havia percebido que aquela condição não era algo comum.

A minha noção de mundo era de uma criança até então. Passei por situações constrangedoras, comentários sarcásticos a respeito dela para mim, que só naquele momento começaram a fazer sentido. Foram anos para superar a dor daquela realidade, com a consciência de que todo e qualquer sofrimento me ajudou a ser quem sou hoje. Doeu muito. Mas fortaleceu. "Checando, Sara."

"Relógio: 41 quilômetros."

"Quarenta e um quilômetros. Ai, meu Deus, ai meu Deus. Calma. Só falta um quilômetro e os famosos 195 metros. Vamos embora. Apenas continue." Aos dezessete precisei me mudar para a casa dos meus tios. Eu adorava o meu primo desde pequena. Rir à toa, acho que foi algo que aprendi com ele. Perdi a conta de quantas vezes atravessamos a pé o viaduto Santa Tereza, eu a caminho do inglês e ele do conservatório de música. Naquela época, minha jornada diária se tornou uma rotina entre o colégio, línguas e o cursinho. Eu era uma boa aluna e queria estudar medicina. O meu esforço começava na segunda de manhã e ia até domingo na hora do almoço. Não havia descanso.

Nesta época deixei de ser uma fumante esporádica e fumava escondido. Creio que a válvula de escape até demorou a aparecer, considerando todo o desequilíbrio a que já havia sido submetida, especialmente de residência, uma vez que não tinha um local fixo, onde me sentia em casa, mas sempre me via na casa de alguém de tempos em tempos. "Em quantos quilômetros estamos, Sara? Não acabou ainda? Você está se perdendo. Confira."

"Relógio. 41 quilômetros e 200 metros."

"Quarenta e um e duzentos. É isso mesmo? Calma, Sara, calma. São os metros finais. Concentre-se. Sua primeira maratona. Momento histórico na sua vida. Deu tudo certo até aqui. Foco." Foi naquele momento, quando conheci o que as pessoas chamavam de felicidade. Meu primo me proporcionava alegria em todos os instantes junto com ele. Tantas boas lembranças. Jogávamos Atari. "Quem me dera você estivesse aqui hoje, Serge. Você está. Eu sei que está. Mas eu não consigo mais pensar direito. Checa, Sara, checa."

"Relógio. 41 quilômetros e 500 metros."

"Que dor, meu Deus do céu. Ai minha perna. Foco Sara. Esqueça a dor. O treinador. Falta muito pouco. Escute os gritos. - Go! Go! Go! - Sara! Go! E continue pensando. É lindo demais." E pensar que a corrida entrou em minha vida por acaso. Na minha concepção, todo mundo tem sua válvula de escape, seu hobby para sobreviver das coisas ruins. Tem gente que vai para o boteco, happy hour ou balada, eu ia para o meu "papo calcinha" nos treinos matinais. "Onde estou com a cabeça?"

"Relógio. 41 quilômetros e 900 metros."

"Hora do sprint. Dor, dor, dor. É hora do sprint, Sara. O primeiro da sua vida. Ao menos em maratona. Oficialmente seu primeiro sprint. Corre. Alcance a linha de chegada. Caminhe. É o que tem para hoje. Será que vou conseguir? Respira fundo."

Eu consegui! Eu consegui! Mas prometo a mim mesma que jamais voltarei a correr uma maratona na minha vida. Por que isso? Para que tanta exaustão e sofrimento? No que correr desse jeito me transformou numa pessoa melhor? Não consigo entender".

Fui embora de Berlim decidida a nunca mais participar de uma maratona. Feliz com o desafio cumprido e a viagem maravilhosa que fiz, mas tinha dores e não possuía a compreensão de que viria a compreender muito tempo depois.

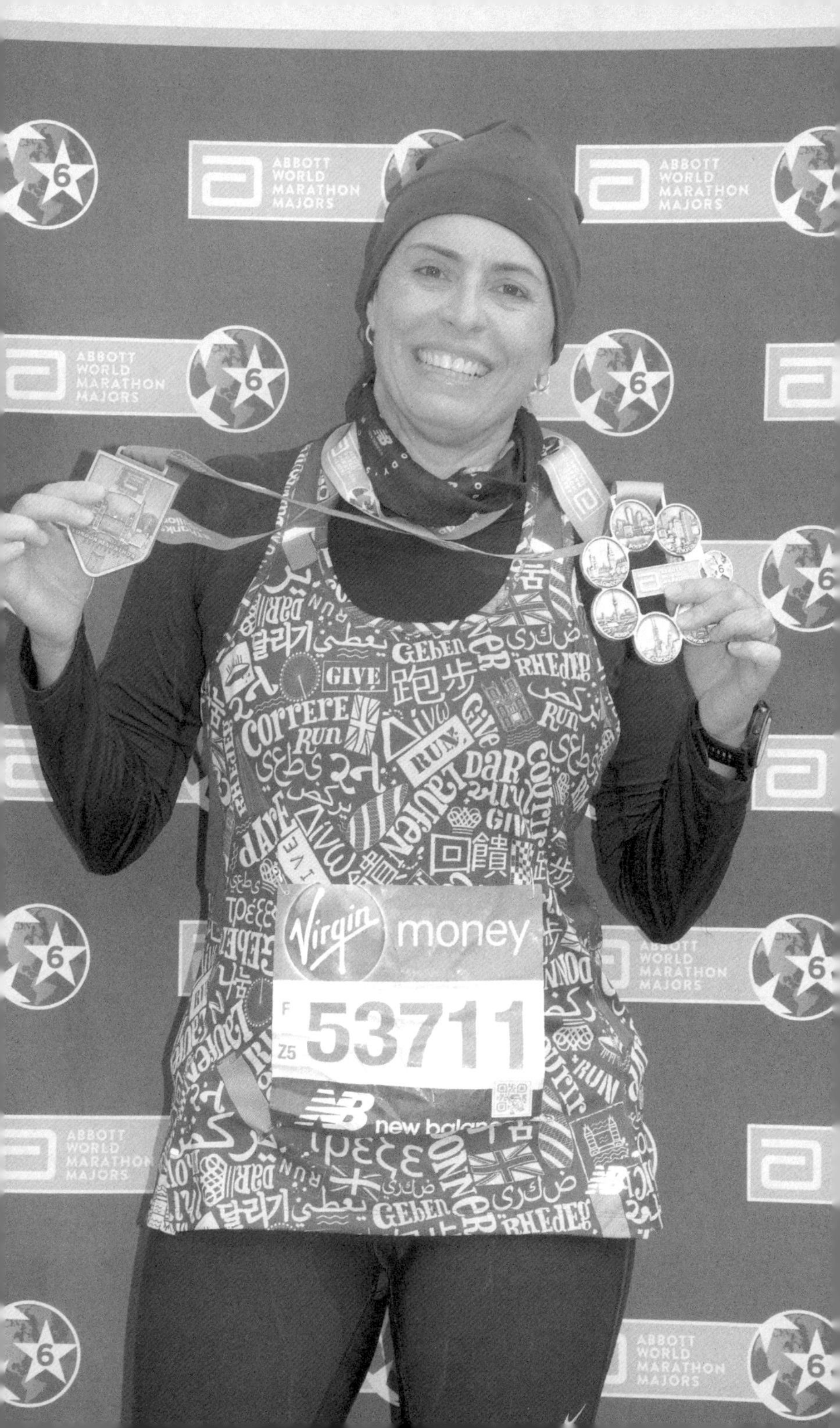
ABBOTT
WORLD
MARATHON
MAJORS
6
Virgin
money
F
53711
Z5

ABBOTT WORLD MARATHON MAJORS
6
LONDON
BOSTON
TOKYO
BERLIN
CHICAGO
NEW YORK CITY

capítulo 7

253 quilômetros

"Eu posso aceitar a falha, todos falham em alguma coisa, mas eu não posso aceitar não tentar."
(Michael Jordan, jogador de basquete dos Estados Unidos da América)

Maratona de Berlim

A minha trajetória nas maratonas me amadureceu muito como profissional e me tornou melhor e mais forte como ser humano. Especialmente comigo mesma. Existem questões da vida que só somos capazes de assimilar com o tempo. Não adianta esperar que um jovem compreenda, é impossível.

São lições e percepções que adquirimos com o decorrer do tempo, não há nada que nos faça enxergar, amadurecer senão a própria vida: o caminho trilhado pelos pés de cada um. São oito anos como maratonista.

Apesar de já ser adulta e madura no início deste caminho, sei que a minha percepção sobre esta jornada é maior e mais profunda hoje do que lá atrás, na largada. Quando fiz a minha primeira maratona, a de Berlim, e oficialmente desisti de seguir este caminho, creio que foi uma fase similar à minha infância.

Foram muitas dores, falta de conhecimento e experiência, além da solidão. Se na infância eu estava sozinha com uma percepção de mundo inocente, o mesmo aconteceu na minha primeira maratona. Eu não tinha noção do que era, do quanto doía, do quanto mais era necessário me preparar para estar lá, sem as tantas dores e sofrimento que tive.

Por isso não tive prazer com a prova em si. Do mesmo modo era a minha vida na infância. Eu vivia, cumpria minhas obrigações, que eram muitas para uma menina da minha idade, mas não sabia de toda falta que eu vivenciava. Me faltavam muitas coisas, assim como me faltou em Berlim.

Quando criança, se pudesse, teria desistido do modo que vivia. Eu sentia as faltas, mas não tinha ideia de como explicar, pois não tinha noção do que estava vivendo e de como a vida podia e deveria ser diferente. Felizmente minha vida seguiu. E as maratonas também. Ainda que um tempo depois.

Maratona de Nova York

A segunda maratona veio depois de um intervalo de quatro anos, o qual me dediquei ao ciclismo. Eu nunca fiquei parada totalmente. Sempre tive energia demais para isso. Então o Nelo entrou eu em minha vida. E penso hoje, que foi quando aquela solidão da infância finalmente se foi.

Não que eu precisasse de alguém em minha vida. Porém, a falta do amor materno, de uma infância normal e a perda do meu primo parece que foram neste momento recompensados. Eu já tinha amor próprio o bastante para amar a mim mesma e tudo que faço, mas a felicidade de um amor leve e tranquilo trouxe um novo sentido que preenche com leveza e alegria o meu dia-a-dia. Por causa deste amor, decidi retornar às maratonas.

A minha segunda maratona, de Nova York, teve exatamente este sabor: de amor, paixão e o friozinho na barriga. Não posso negar. Era início de relacionamento, fomos correr juntos, conhecer lugares novos, ao mesmo tempo em que também nos conhecíamos e nos entregávamos ao sentimento mútuo que nascia.

Foi algo inesperado encontrar alguém, que compartilhava da mesma paixão que eu! Isto fez com que o retorno às maratonas tivesse muito mais significado do que à simples volta ao esporte e desafios, mas uma nova chance à mim mesma: a junção do que gosto com quem eu gosto. Era como se a partir dali tudo estivesse unido, com duplo significado e sentido.

Não era mais só o desafio dos planejamentos diários, semanais, mensais e anuais, mas o dividir tudo isto com alguém em minha vida. Deu certo. Manter-me nas maratonas se tornou parte de quem eu sou. Consegue imaginar a força que isso tem?

Maratona de Chicago

A terceira maratona, de Chicago, percebo como o momento de equilíbrio neste caminho de desafios. Eu já estava mais habituada aos treinos, às novas rotinas, melhores planejamentos, à estabilidade e segurança no meu relacionamento e em especial à minha trajetória profissional fortalecida.

Nesta fase eu senti que toda as áreas da minha vida estavam em equilíbrio, como eu sempre desejei que estivessem. Então, eu passei a perceber que além do meu esforço, talvez pudesse haver a questão do merecimento. Primeiro é preciso o esforço, o lutar por algo, desejar intensamente, para depois se colher os frutos. Eu precisei trilhar um caminho profissional longo, para atingir a estabilidade e maturidade, assim como na vida pessoal e de atleta.

Foram muitos esforços, dores de todo tipo, para somente depois disso, eu estar apta a cumprir minhas metas sem o sofrimento da primeira maratona. Teve que existir primeiro o merecimento. Primeiro se apanha e depois vem o sopro. Comecei a perceber que na vida tudo é assim, até mesmo com as corridas.

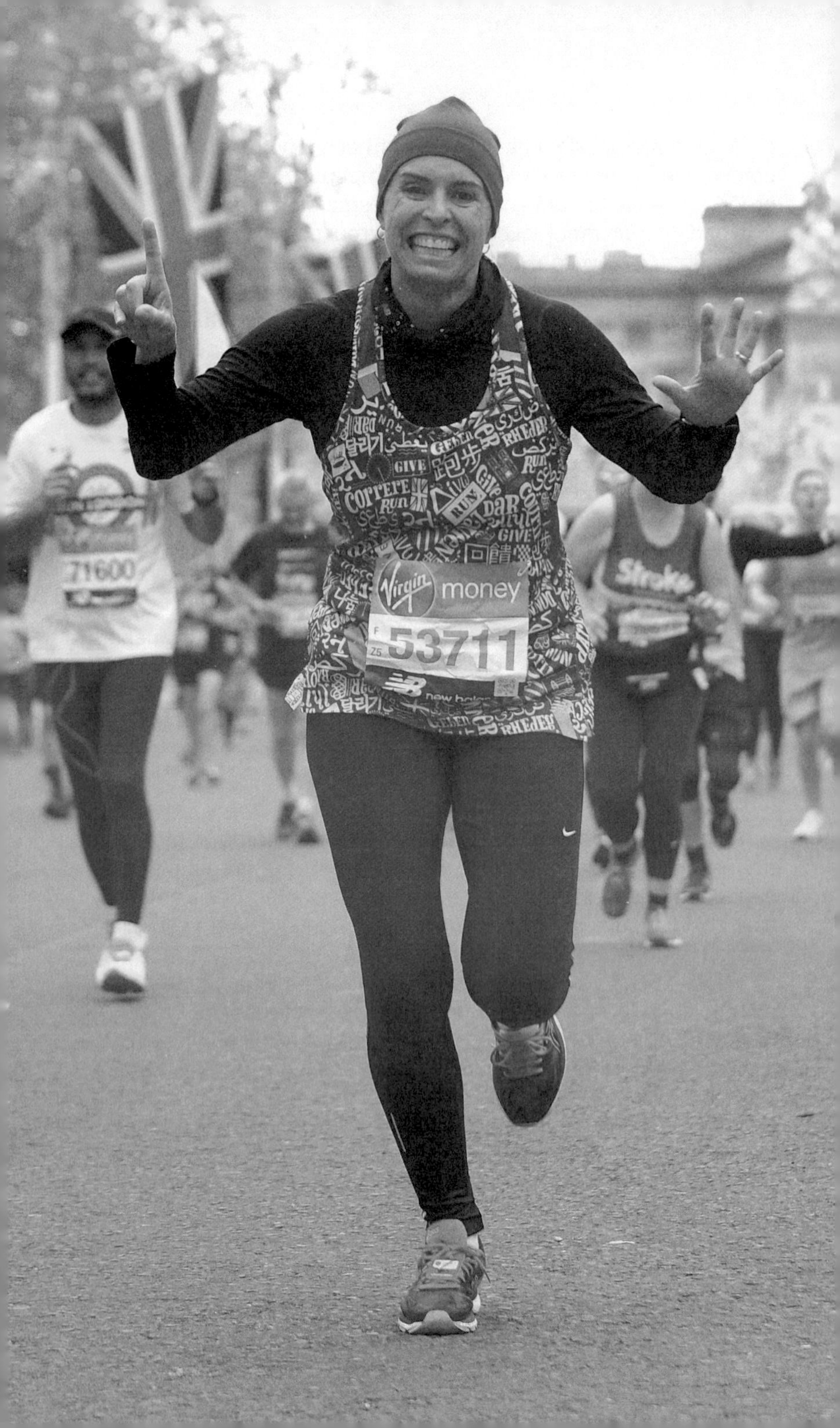
Virgin
money
53711
71600
CORRERE
RUN
GIVE

Maratona de Boston

Minha percepção sobre mim mesma no período da maratona de Boston é o amadurecimento em relação aos planejamentos, que provavelmente se tornou o auge desta maturidade. Ao mesmo tempo em que eu estava já em total sincronismo com todos os meus planejamentos como maratonista, eu me desafiei diariamente em uma longa reforma de uma casa, enquanto também treinava o meu condicionamento físico.

Foram dois longos projetos acontecendo ao mesmo tempo. Um exercício diário de construção de sonhos. Ainda que eu já fosse uma maratonista, para que eu continuasse sendo, as rotinas não deixaram de existir, muito pelo contrário, elas se fortaleceram e se tornaram cada vez mais disciplinadas.

Construir uma casa com todas as rotinas que eu já tinha foi um desafio mental, de tempo e equilíbrio psicológico. Tem gente que foge de reforma igual o diabo foge da cruz. Já eu, fiquei feliz com isto.

Eu fui capaz de curtir cada detalhe de cada projeto, de cada porta comprada, azulejo, maçaneta e lâmpada. Acredito que pude apreciar esta construção com tranquilidade e prazer, devido a minha resiliência e persistência como maratonista, de saber que tudo se constrói aos poucos, com paciência. Não se colhe um fruto no dia seguinte ao que se planta. Demora. Eu já havia aprendido esta lição. O que me permitiu carregá-la para todas as áreas da minha vida.

Maratona de Tóquio

A quarta maratona, de Tóquio, vinha me ensinando uma nova lição. Se até este momento na trajetória das maratonas, tudo vinha praticamente em equilíbrio, seria a primeira vez que enfrentava uma cirurgia séria, que impactava a minha saúde e requeria restabelecimento.

Eu não tinha certeza de quando isto aconteceria. Quando tudo está bem no dia-a-dia, temos a falsa sensação de que aquilo é para sempre, de que tudo está sob controle. Então até aquele momento a saúde que eu tinha, foi como o meu primeiro casamento, um pra sempre e se foi, me obrigando a uma reconstrução, que me levou ao caminho das corridas.

Ou seja, muitas vezes, quando perdemos algo na vida, teremos posteriormente a chance de perceber que não foi uma perda, mas uma transformação. Perde-se de um lado, ganha-se de outro. A vida é assim. Bem como a perda do filho que me esforcei para ter e tentei por um tempo continuar tendo, mas desisti. Fui obrigada a perceber que deveria parar.

A minha recuperação para correr em Tóquio e a concretização da minha corrida em si até o final, foram para mim fortes lições. Não temos controle de nada. A vida é um sopro. Temos que aproveitar tudo aquilo que nos chegam: seja um momento, uma pessoa, um desafio ou uma coisa qualquer.

Nunca saberemos quanto tempo vai durar aquele instante, pessoa ou circunstância em nossas vidas. Não sabemos nem mesmo quanto tempo nós vamos durar. Se antes eu já dava, esse período me ensinou a dar ainda mais valor a vida.

Maratona de Londres

A sexta e última para completar as Six Majors, em Londres, me trouxe finalmente a medalha Six Stars Finisher. Esta certamente foi a etapa mais recompensadora. Foram oito anos de muitos planejamentos, treinos e dores para conquistar a premiação.

Se a cada maratona que finalizava, eu comemorava a linha de chegada e podia sentir os treinos de um ano todo recompensados, na maratona de Londres, a medalha Six Stars Finisher significava o total de todas as corridas juntas.

Foram anos de treinos, exaustão, experiências diferentes a cada prova, problemas de saúde, vida profissional ocorrendo paralelamente, vida familiar, rotinas por vezes rígidas e exaustivas, sensações de vitórias e fracassos, dependendo do dia e do momento, mas com persistência absoluta.

Quando aos quarenta anos de idade, decidi que dali em diante viveria os melhores cinquenta por cento da minha vida, o desafio desta trajetória e o recebimento da medalha Six Stars Finisher vinham representando o meu sucesso com a promessa que fiz a mim mesma lá atrás. Eu estava sendo fiel a mim, meus objetivos e sonhos.

A maratona de Londres representava um caminho de oito anos, seis medalhas, uma medalha Six Stars Finisher, seis viagens, seis grandes cidades , um casamento, um lar e muito mais.

É impossível descrever tudo o que alcancei nesta trajetória e o caminho que percorri. Os desafios foram inúmeros, bem como os planejamentos. E melhor do que isso, foram os aprendizados que adquiri, transformando a mim mesma em alguém melhor.

Talvez esta seja a melhor lição: não considero que ganhei nenhuma corrida contra ninguém! Exceto que sempre ganhei de mim mesma, todas as vezes, me tornando a cada dia melhor do que havia sido no dia anterior.

Todos os desafios das corridas e maratonas foram uma corrida contra mim, uma lapidação e transformação diária, em curto, médio e longo prazo. Embora no início eu não soubesse nada disso, hoje eu sei. E por isso eu posso dizer: eu venci.

agradecimentos

Nesse momento atravesso mais uma linha de chegada, agora, sem medalha, aplausos, flashes ou torcida. Chego ao ponto final.

Sonho em ser escritora desde menina, quando, aos onze anos frequentava a Escola de Datilografia Ordem e Progresso, na Rua Cunha Gago em São Paulo.

Muitos contribuíram para a realização desse sonho:

À Ivana Moreira, minha editora, comprou meu sonho me arremessando na realidade com uma mensagem de whatsapp no meio daquela tarde. Ei-lo!

Ao meu irmão e minha cunhada que foram o início de tudo e me levaram à USP naquele sábado e juntos tomamos nossos cafés da manhã pós-treino na padaria.

Ao David Menani, meu treinador, ensinou-me as primeiras passadas e sempre me incentivando a ir mais longe, driblando meu mau humor matinal.

À família Ztrack, minha assessoria de corrida, fiz amigos e encontrei inspiração para meus desafios.

Luiz Fernando Sartori, meu fisioterapeuta, com todas as suas dicas, orientações, conselhos e uma amizade de anos.

Às minhas parceiras de corridas de todos esses anos e suas contribuições nos nossos "papos calcinha". Muitas parceiras e muitos papos dos mais variados assuntos e boas risadas matinais.

Um carinho especial às pessoas que dedicaram seu tempo lendo meus rascunhos, ouvindo meus planos e sonhos e enriquecendo esse trabalho com seus "pitacos".

Ao Nelo pela cumplicidade em fazer essa história possível.

instagram.com/saravelloso
twitter.com/saravelloso
linkedin.com/in/saravelloso
saravelloso.com.br

A segunda edição deste livro foi composta com tipologia Trajan Pro, Helvetica Neue e Arial e impressa em papel off set noventa gramas no trigésimo sexto ano da primeira publicação do livro "Forrest Gump" do novelista norte-americano Winston Groom.

São Paulo, julho de 2022.